David Hume

Vom schwachen Trost der Philosophie

David Hume

Vom schwachen Trost der Philosophie

Essays

Auswahl, Übersetzung und Nachwort
von Jens Kulenkampff

Steidl

Aus dem Englischen von Jens Kulenkampff

Die Textteile in eckigen Klammern sind Hinzufügungen des Übersetzers. Hochgestellte Ziffern verweisen auf Anmerkungen des Übersetzers, die auf den S. 105 ff. abgedruckt sind. Die typographische Gestaltung mit Hervorhebungen durch Kursivdruck und Kapitälchen lehnt sich an die noch von Hume besorgte Originalausgabe an.

1. Auflage Oktober 1990

Umschlaggestaltung: Klaus Detjen
Gesetzt aus der Walbaum der H. Berthold AG, Berlin.
Herstellung: Steidl, Düstere Straße 4, 3400 Göttingen
ISBN 3-88243-169-5

in memoriam
Hildegard Krüger

Über Essayschreiben

Die gebildete Welt, der Teil der Menschheit, der nicht in den Verrichtungen des kreatürlichen Lebens aufgeht, sondern sich geistigen Beschäftigungen widmet, läßt sich in die *gelehrte* Welt und in die Welt der *Konversation* einteilen. Zur gelehrten Welt zählt, wer sich den höheren und schwierigeren geistigen Unternehmungen verschrieben hat, die Muße und Einsamkeit verlangen und ohne lange Vorbereitung und strenge Arbeit nicht zur Vollendung gebracht werden können. In der Welt der Konversation verknüpft sich mit geselligen Anlagen und einem Sinn für das Angenehme eine Neigung, den eigenen Verstand an leichteren und nicht zu tiefsinnigen Fragen zu erproben, ohne tiefschürfende Nachforschung Betrachtungen über die Angelegenheiten der Menschen und die Pflichten des gewöhnlichen Lebens und Beobachtungen über Mängel und Vorzüge der mancherlei Dinge in ihrem Umkreis anzustellen. Solche Themen geben dem einsamen Forschergeist nicht genügend Beschäftigung; sie verlangen nach Gesellschaft und nach Austausch mit unseren Mitgeschöpfen, wenn sie zu passenden Gegenständen einer geistigen Beschäftigung werden sollen. Das ist es, was Menschen in Gesellschaft zusammenführt, wo jeder seine Gedanken und Betrachtungen ausbreitet, so gut er es eben versteht, und wo jeder Belehrung und Vergnügen sowohl gibt als auch empfängt.

Die Abtrennung der gelehrten Welt von der Welt der Konversation scheint das große Gebrechen des vergangenen Zeitalters gewesen zu sein und muß einen sehr schlechten Einfluß sowohl auf die Bücher als auch auf das gesellige Leben gehabt haben. Denn wie soll man Gesprächsthemen finden, die zur Unterhaltung vernünftiger Wesen taugen, ohne zuweilen auf Geschichte, Dichtung, Politik und zumindest auf Anfangsgründe der Philosophie zurückgreifen zu können? Müssen denn unsere Gespräche nichts sein als eine unendliche Reihe von Klatschgeschichten und müßigen Bemerkungen? Ist denn nie Höheres möglich, als daß wir unwandelbar bleiben

> Betäubt vom ew'gen Leierbaß,
> Daß Hans tut dies und Lies' sagt das?

Wäre es so, so würde die Zeit, die wir in Gesellschaft verbringen, ganz und gar nicht unterhaltend und der am wenigsten nützliche Teil unseres Lebens sein.

Die Gelehrsamkeit auf der anderen Seite, in Kollegien und Klosterzellen abgeschlossen und von der Welt und guter Gesellschaft abgeschnitten, hat dadurch nicht weniger verloren. Die Folge war eine Barbarisierung der *Belles Lettres* in jeder Hinsicht. Denn sie lagen in den Händen von Leuten, denen aller Sinn für Leben und Lebensform sowie jene Freiheit des Denkens und jene Leichtigkeit des Ausdrucks abgingen, die man nur durch Konversation erwerben kann. Sogar die Philosophie erlitt Schiffbruch durch ihren Rückzug in trübselige Einsiedelei: Die Resultate ihrer Forschung waren so chimärisch wie Art und Stil ihres Vortrags unverständlich. Aber was hätte man auch anderes erwarten sollen von Leuten, die ihre Räsonnements nicht auf Erfahrung stützten oder die niemals dort nach Erfahrung suchten, wo sie allein gefunden werden kann: im gewöhnlichen Leben und im Gespräch?

Mit großem Vergnügen sehe ich, daß die Gelehrten unserer Zeit weitgehend die Scheu und Schüchternheit verloren haben, die sie von der Welt entfernten, und daß zugleich der Mann von Welt stolz darauf ist, für die unterhaltsamsten Themen seiner Konversation aus Büchern borgen zu können. Es ist zu hoffen, daß sich diese Allianz zwischen der gelehrten Welt und der Welt der Konversation, die sich so glücklich angelassen hat, zum beiderseitigen Vorteil weiter festigen wird. Zu diesem Ende weiß ich kein besseres Mittel als *Essays*, von der Art der gegenwärtigen, mit denen ich es unternehme, das Publikum zu unterhalten. So gesehen, kann ich mich selbst nur als einen Vertreter oder Botschafter betrachten, aus Provinzen der Gelehrsamkeit entsandt in die Domänen der Konversation, dessen ständige Pflicht es ist, eine rege Korrespondenz zwischen diesen beiden Staaten zu entwikkeln, die so sehr aufeinander angewiesen sind. Dem Gelehrten werde ich von dem Nachricht geben, was sich in der Gesellschaft ereignet; und ins Land der Gesellschaft werde ich alle Waren einzuführen suchen, die mein Heimatland für ihren Nutzen und ihre Unterhaltung zu bieten hat. Grund zu scheelen Blicken auf die Handelsbilanz haben wir keinen, und Schwierigkeiten, sie auf beiden Seiten ausgeglichen zu halten, gibt es nicht. Denn den Rohstoff dieses Handels müssen in der Hauptsache die Konversation und das gewöhnliche Leben bereitstellen; allein die Verarbeitung bleibt den Gelehrten überlassen.

Wie es für einen Botschafter eine unverzeihliche Pflichtvergessenheit wäre, dem Souverän des Staates, in dem er residieren soll, nicht seine Reverenz zu erweisen, so würde es für mich ganz und gar unentschuldbar sein, mich nicht mit besonderer Hochachtung an das schöne Geschlecht zu wenden, das Souverän im Reiche der Konversation ist. Mit einer Verbeugung also trete ich herzu. Und wären nicht meine Landsleute, die Gelehrten, eine starrköpfig auf Unabhängigkeit bedachte, eifersüchtig über ihre Freiheit wachende und aller Unterwerfung ungewohnte Rasse unter den Sterblichen, ich würde die Oberhoheit über die Respublica literaria in die Hände des schönen Geschlechtes legen. Wie der Fall aber liegt, erstreckt sich mein Auftrag nicht weiter, als eine offensive Verteidigungsliga gegen unsere gemeinsamen Feinde zu wünschen: gegen die Feinde von Vernunft und Schönheit und gegen dumpfe Köpfe und kalte Herzen. Von heute an wollen wir sie mit dem schärfsten Racheschwert verfolgen: Keiner soll bei uns Schonung genießen als nur, wer gesunden Verstand und ein empfindsames Herz besitzt, zwei Dinge, die wir wohl stets untrennbar verbunden finden werden.

Kehren wir zum Ernst zurück, ehe die Metapher zerschlissen ist! Ich meine tatsächlich, daß Frauen, natürlich Frauen von Verstand und Bildung (denn allein an sie wende ich mich), in Fragen der schönen Literatur weit bessere Richter sind als Männer von gleichem Verstand und daß sie sich ins Bockshorn jagen lassen, wenn sie der übliche Spott über gelehrte Damen so schreckt, daß sie schließlich alle Bücher und alle Wissenschaft den Männern überlassen. Die Furcht vor solchem Spott sollte nicht mehr bewirken, als daß sie ihr Wissen vor Kindsköpfen verbergen, die ihrer nicht noch ihres Wissens wert sind. So einer wird sich allemal, allein aufgrund des leeren Titels, ein Mann zu sein, den Frauen überlegen dünken. Meine Leserinnen mögen dagegen versichert sein, daß alle Männer von Verstand, die sich in der Welt auskennen, viel auf der Frauen Urteil über solche Bücher geben, die im Umkreis ihres Wissens liegen, ja, daß sie mehr Vertrauen in die, zugegeben: durch Regeln nicht gesteuerte Sensibilität ihres Geschmacks setzen als in all die langweiligen Traktate der Kommentatoren und Pedanten. Bei einer benachbarten Nation, die für ihren Geschmack nicht weniger berühmt ist als für ihre Galanterie, sind die Damen tatsächlich so etwas wie das Oberhaupt sowohl der gelehrten Welt wie der Welt der Konversation. Und kein Dichter denkt daran, sich vor das Publikum zu wagen ohne die Approbation einiger der anerkannten Richterinnen. Manchmal freilich wird ihr Urteil gescholten. Ich denke zum Beispiel daran, daß die Bewunderer von *Corneille*, um den Ruhm dieses großen Dichters gegenüber dem aufsteigenden und ihn bald übertreffenden *Racine* zu retten, stets behauptet haben, es sei gar nicht zu erwarten gewesen, daß vor solchen Richtern ein alter Mann einem jungen Rivalen die Palme würde streitig machen können. Das aber hat sich als falsche Behauptung erwiesen. Denn die Nachwelt scheint das Urteil des Tribunals der Frauen bestätigt zu haben: *Racine*, obwohl tot, ist immer noch der Favorit des schönen Geschlechts, aber auch der Liebling der besten Richter unter den Männern.[1]

Es gibt allerdings eine Sparte, bei der ich dazu neige, dem Urteil der Frauen zu mißtrauen, nämlich bei Liebesromanen und Andachtsbüchern: Die können ihnen gewöhnlich nicht schwärmerisch genug sein, und anscheinend gefällt den meisten mehr die Hitze der Leidenschaft als ihre Angemessenheit. Ich fasse hier Liebesromane und Andachtsbücher zu einer Sparte zusammen, denn so behandelt, machen sie wirklich nur ein Genre aus, und tatsächlich verlangen ja beide denselben Lesercharakter. Da das schöne Geschlecht nun einmal so sehr zur Liebe und zu zarten Empfindungen disponiert ist, ist in diesen Dingen sein Urteil nicht neutral. Leicht lassen sich die Frauen von einem Buch enthusiasmieren, auch wenn ihm

Natürlichkeit des Gefühls und treffender Ausdruck abgehen. Im Ansehen der Frauen ziehen *Addisons* erlesene Diskurse über Religion den kürzeren gegenüber mystisch frömmelnden Traktätchen, und *Otways* Tragödien werden hinter *Drydens* schwülstige Ergüsse zurückgesetzt.[2]

Die Damen würden ihren in dieser Hinsicht verkehrten Geschmack schon berichtigen, wenn sie sich nur ein wenig mehr mit Büchern aller Art vertraut machen; wenn sie Männer von Verstand und Wissen dazu ermutigen, häufig ihre Gesellschaft zu sein; und wenn sie schließlich ohne Reserve der Union zwischen der gelehrten Welt und der Welt der Konversation beitreten, die ich vorgeschlagen habe! Mag sein, daß ihnen ihre gewöhnlichen Begleiter aus der Welt der Konversation mit größerer Höflichkeit begegnen als die Männer der Wissenschaft; aber solch ergebene Freundlichkeit können sie vernünftigerweise auch nicht erwarten. Das jedoch hoffe ich, daß sie sich niemals der falschen Entscheidung schuldig machen werden, den substantiellen Kern für die Schale zu opfern.

*Der Epikuräer**

Eine große Kränkung bedeutet es für die Eitelkeit des Menschen, daß die Hervorbringungen seiner größten Kunstfertigkeit und seines größten Fleißes den geringsten Werken der Natur nicht gleichkommen, an Schönheit nicht und auch nicht an Wert. Die Kunst ist nur Handlanger: zu nichts weiter angestellt als dazu, an den Stücken, die aus der Hand des Meisters kommen, ein wenig schmückendes Beiwerk anzubringen. Allenfalls am Gewande darf er zeichnen, doch an die eigentliche Gestalt darf er nicht rühren. Die Kunst kann passende Kleider machen, die Natur aber muß den Menschen schaffen.

Selbst bei jenen Hervorbringungen, die man Kunstwerke nennt, finden wir, daß an den besten ihrer Art die besondere Schönheit der Kraft und dem glücklichen Einfluß der Natur geschuldet ist. Dem naturgegebenen Enthusiasmus der Dichter verdanken wir, was ihre Werke bewundernswürdig macht. Das größte Genie, wenn die Natur es einmal im Stich läßt (und sie ist nicht beständig), wirft seine Leier auf die Seite und gibt sich nicht der Hoffnung hin, nach Regeln der Kunst solch göttliche Harmonie zu erreichen, die allein aus natürlicher Eingebung hervorgehen kann.

---

* Oder: *Der Mann der Erlesenheit und des Vergnügens*. In diesem und in den folgenden [drei] Essays geht es nicht so sehr darum, die Ansichten der antiken Philosophenschulen genau auseinanderzusetzen, als vielmehr darum, die Einstellungen von Gruppen zu beschreiben, die sich natürlicherweise in der Welt herausbilden und die vom Leben des Menschen und vom Glück unterschiedliche Vorstellungen haben. Ich habe einer jeden solchen Gruppe den Namen jener Philosophenschule gegeben, mit der sie die größte geistige Verwandtschaft hat.

Wie armselig sind die Gesänge, wo keine glückliche Inspiration die Materialien geliefert hat, an denen die Kunst dann zu verschönern und zu verfeinern hat!

Aber unter all den fruchtlosen Versuchen, mit Menschenkunst etwas zu schaffen, ist keiner so lächerlich wie der Versuch gestrenger Philosophen, ein *künstliches Glück* zu erzeugen und uns durch Regeln der Vernunft und durch Reflexion in einen Zustand des Wohlbefindens zu versetzen. Warum hat wohl keiner von ihnen auf den Preis Anspruch erhoben, den XERXES jenem aussetzte, der eine neue Lust erfände? Aber vielleicht erfanden sie für ihren eigenen Gebrauch so viele Freuden, daß sie Reichtümer verachteten und keiner der Vergnüglichkeiten bedurften, die ihnen die von XERXES ausgelobte Belohnung hätte verschaffen können? Ich möchte eher glauben, daß sie sich scheuten, dem PERSISCHEN Hof durch die Darbietung eines Gegenstands ganz neuer und ungewöhnlicher Lächerlichkeit ein unerhörtes Vergnügen zu bereiten. Ihre Spekulationen, rein theoretisch und in den Schulen Griechenlands gravitätisch vorgetragen, mochten bei ihren unwissenden Schülern Bewunderung hervorrufen; jeder Versuch indes, ihre Grundsätze auf das praktische Leben zurückzuführen, würde alsbald ihre Absurdität offenbart haben.[3]

Ihr gebt vor, mich durch Vernunft und nach Regeln der Kunst glücklich zu machen. Ihr müßt mich folglich nach Kunstregeln neu schaffen. Denn was mein Glück ist, das hängt von meiner ursprünglichen Gestalt und Struktur ab. Aber um solchen Umbau zu erreichen, habt Ihr weder die Kraft noch, fürchte ich, das Geschick. Auch kann ich von der Weisheit der Natur keine geringere Meinung haben als von Eurer. Laßt also Natur die Maschine lenken, die sie, wohl wissend, was sie tat, gestaltet hat. Ich glaube, ich würde die Sache nur verderben, wenn ich ihr ins Werk pfuschte.

Zu welchem Ende sollte ich jene Triebfedern und Grundkräfte, die die Natur mir eingepflanzt hat, zu regulieren, zu raffinieren, zu trainieren vorgeben? Ist dies der Weg, auf dem ich glücklich werden muß? Aber Glück heißt Behaglichkeit, Zufriedenheit, Ruhe und Lust, nicht ängstliche Achtsamkeit, Besorgnis und Strapaze. Körperliche Gesundheit besteht in der Mühelosigkeit, mit der sich die körperlichen Vorgänge abspielen. Der Magen verdaut die Speisen; das Herz läßt das Blut zirkulieren; das Hirn scheidet die Lebensgeister und läutert sie: Und all das, ohne daß ich mich eigens darum kümmern müßte. Wenn ich allein durch meinen Willen das Blut, wie es kraftvoll durch seine Bahnen strömt, aufhalten könnte, könnte ich auch hoffen, den Kurs meiner Gesinnungen und Gefühle zu verändern. Vergeblich würde ich meine Kräfte anspannen und Lust aus einem Gegenstand zu ziehen suchen, der nicht von Natur aus dazu geeignet wäre, meine Sinne mit Wohlbehagen zu affizieren. Schmerz mag ich mir bereiten durch mein fruchtloses Bemühen, Lust werde ich niemals gewinnen.

Fort also mit all der leeren Angeberei von wegen: sich durch sich selbst glücklich machen, sich am eigenen Denken ergötzen, Befriedigung aus dem guten Gewissen der Rechtschaffenheit ziehen und alle Assistenz und allen Beitrag der äußeren Welt verachten! Das ist die Stimme des STOLZES, nicht der NATUR. Und das ginge ja noch an, wenn solcher Stolz sich nur selbst erhalten könnte und wirklich im *Innersten* Lust bereiten würde, wie melancholisch reduziert auch immer. Aber in seiner Ohnmacht vermag er nichts als bloß die *Außenseite* zu regulieren und mit unendlicher Mühe und Anstrengung nur der Sprache und dem Gehaben eine philosophische Würde zu verleihen, um damit das unwissende Volk zu hintergehen. Das Herz indes ist bar aller Freude. Und die Seele, der eigentlichen Gegenstände, die sie tragen, beraubt, versinkt in Gram und tiefste Melancholie. Elender, doch eitler Sterblicher! Dein Geist sei glücklich durch sich selbst? Aus welchen Quellen soll er denn schöpfen, um seine unendliche Leere zu erfüllen? Was soll er an die Stelle der Sinne und der Körperkräfte setzen? Kann denn Dein Kopf bestehen ohne Deine anderen Glieder? In solcher Lage:

Welch blödes Leben muß das sein,
Wo außer Schlaf ist nichts als Pein?

In solche Lethargie oder Schwermut muß Dein Geist versinken, wenn er aller Beschäftigung mit der äußeren Welt und aller Freuden beraubt ist.

Haltet mich also nicht länger gewaltsam in diesen Schranken fest! Schließt mich nicht ein in mich selbst, sondern zeigt mir die Dinge und Vergnügungen, die für uns die Hauptquellen der Lust bilden! Aber warum wende ich mich an Euch, Ihr stolzen und ignoranten Weisen, daß Ihr mir die Straße zur Glückseligkeit zeigt? Laßt mich meine eigenen Gefühle und Neigungen zu Rate ziehen. In ihnen muß ich lesen, was die Natur verlangt, nicht in Euren nichtigen Diskursen.

Doch seht, meinen Wünschen geneigt, gnädig naht sich mir die liebreizende LUST, der Götter wie der Menschen Liebstes.* Ihre Gegenwart läßt mein Herz wärmer, höher schlagen. Und alle meine Sinne, alle meine Kräfte zerschmelzen in Wonne, dieweil sie um

---

* *Dia Voluptas.* LUCRET. [Lukrez, *De rerum natura* 2,172: . . . dux vitae dia voluptas . . .].

mich her allen Glanz des Frühlings und alle Schätze des Herbstes ausschüttet. Ihre melodische Stimme bezaubert meine Ohren mit sanftester Musik, während sie mich einlädt, von den köstlichen Früchten zu probieren, die sie mir reicht – mit einem Lächeln, das Glanz über Himmel und Erde verbreitet. Bald fächeln mich die verspielten AMORETTEN in ihrem Gefolge mit ihren duftigen Flügeln, bald salben sie mir den Kopf mit feinsten wohlriechenden Ölen, bald bieten sie mir ihren perlenden Nektar in goldenen Kelchen dar. Oh, laßt mich auf ewig meine Glieder auf diesem Rosenbette ausstrecken und so, ja eben so die köstliche Zeit genießen, wie sie samtweichen Schritts verstreicht. Doch ach, welch grausamer Wechsel! Wohin entflieht Ihr so rasch? Warum beschleunigen meine brennenden Wünsche und die Last der Lust, unter der Ihr stöhnt, Eure unaufhaltsamen Schritte statt sie zu hemmen? Laßt mich, nach all den Mühen auf der Suche nach dem Glück, diese sanfte Ruhe genießen! Laßt mich satt werden an all den Köstlichkeiten nach der Qual so langer und so törichter Enthaltsamkeit!

Aber das ist unmöglich. Die Rosen haben ihre Farbe, die Früchte ihren Geschmack verloren. Und dieser köstliche Wein, der mir eben noch alle Sinne entzückte, kitzelt jetzt umsonst den abgestumpften Gaumen. Die *Lust* belächelt meine Stumpfheit. Sie winkt ihre Schwester, die *Tugend*, zu Hilfe. Und sie, die Fröhliche, die Muntere, hört auf den Ruf und führt mit sich den ganzen Trupp meiner heiter gestimmten Freunde. Seid mir willkommen, dreimal willkommen in diesen schattigen Lauben und bei dem üppigen Mahle, meine ewig geliebten Gefährten! Eure Gegenwart hat der Rose ihre Farbe und den Früchten ihren Duft wiedergegeben. Von neuem umwehen die Dünste dieses feurigen Nektars mein Herz, dieweil Ihr an meinen Freuden teilnehmt und Eure glückstrahlenden Blicke das Vergnügen sehen lassen, das Ihr von meinem Glück und meiner Zufriedenheit empfangt. Dasselbe Vergnügen empfange ich von Euch. Und ermuntert durch Eure fröhliche Gegenwart, will ich das Fest erneuern, an dessen Genüssen sich meine Sinne fast schon übersättigt hatten, während mein Geist mit meinem Körper nicht Schritt halten noch seinem überladenen Gefährten Erleichterung verschaffen konnte.

In unseren heiteren Gesprächen, nicht in den förmlichen Vernünfteleien der Schulen, findet sich wahre Weisheit. In unserem freundschaftlichen Umgang miteinander, nicht in den hohlen Debatten der Politiker und angeblichen Patrioten, zeigt sich wahre Tugend. Vergessen der Vergangenheit, unbesorgt um die Zukunft, laßt uns hier die Gegenwart genießen! Laßt uns, solange wir sind, ein Gut ergreifen, über das weder Fatum noch Fortuna Macht haben. Der morgige Tag wird seine eigenen Freuden mit sich bringen. Und sollte er die Wünsche, an denen unser Herz hängt, enttäuschen, bleibt uns zumindest das Vergnügen, uns an die Vergnügen des heutigen Tages zu erinnern.

Fürchtet nicht, meine Freunde, daß unsere Unterhaltung mit einem viehischen Mißklang wie zwischen BACCHUS und seinen Saufkumpanen enden wird oder daß wir uns ihren wild lärmenden Ausschweifungen hingeben werden. Die lebenssprühenden Musen umgeben uns. Der Zauber ihrer Symphonie, der die Wölfe und Tiger der Wildnis zu besänftigen vermag, entzündet eine süße Freude in jeder Brust. Friede, Harmonie und Eintracht regieren an diesem verborgenen Ort; nichts, außer der Musik unserer Lieder und dem freundlichen Klang unserer Stimmen, unterbricht die Stille.

Doch hört! Der sanfte DAMON, der Musenliebling, schlägt die Leier. Und indem er ihre Harmonien mit dem noch größeren Wohlklang seines Gesanges begleitet, inspiriert er uns zum selben glücklichen Flug der Phantasie, von dem auch er sich tragen läßt.

»Du glückliche Jugend«, singt er,* »Du Himmelsliebling! Laß Dich, da noch ein zügelloser Frühling Dich überreich mit seinen Blumen überschüttet, vom täuschenden Glanz des *Ruhmes* nicht verführen, diese köstliche Zeit, die Blüte des Lebens, in gefährlichen Wagnissen zu verpassen. Weisheit lenkt Dich auf den Weg der Freude; auch die Natur winkt Dir, ihr auf dem ebenen Blumenpfad zu folgen. Willst Du Deine Ohren vor ihren Befehlen verschließen? Willst Du Dein Herz verhärten gegen ihre sanften Lockungen? O verblendete Sterbliche, so Eure Jugend zu verlieren, so wegzuwerfen ein unschätzbares Geschenk, so zu vergeuden einen vergänglichen Segen! Betrachtet Euren Lohn genau! Bedenkt den Ruhm, der Eure stolzen Herzen lockt und Euch verführt durch den Preis, der Euch zuteil werden soll! Er ist ein Echo, ist ein Traum, nein bloß der Schatten eines Traums: zerstreut durch jeden Wind und verloren mit jedem gegen Euch gekehrten Atemzug der unwissenden und urteilsschwachen Menge. Ihr fürchtet nicht einmal, daß selbst der Tod ihn Euch entreißen werde? Doch seht: Noch während Ihr lebt, raubt ihn Euch die Verleumdung; Unwissenheit achtet seiner nicht, und Natur freut sich nicht an ihm. Es ist Einbildung allein, die, entsagend aller Lust, dünnen Lohn empfängt, der leer und unstet ist wie sie selbst.«

---

* In Anlehnung an den Sirenen-Gesang bei TASSO:
»O Giovenetti, mentre aprile e maggio
V'ammantan di fiorite e verdi spoglie« & c.
Gerusalemme liberata, Canto 14.[4]

Unbemerkt vergehen so die Stunden; in regelloser Folge führen sie durch alle Sinnengenüsse und alle Freuden der Eintracht und Freundschaft. Lächelnde *Unschuld* beschließt den Reigen. Durch sie vergoldet sich die ganze Szene vor unseren entzückten Augen. Im Rückblick läßt sie die vergangenen Freuden ebenso hinreißend erscheinen, wie sie waren, als sie uns lächelnden Angesichts entgegenkamen.

Aber die Sonne ist unter den Horizont gesunken und Dunkelheit, sich leise über uns stehlend, hat nun die ganze Natur in allbefassenden Schatten eingetaucht. »Vergnügt Euch, meine Freunde, setzt Euer Festmahl fort oder wechselt zu einer sanften Ruhe. Auch wenn ich nicht hier bei Euch bin, Eure Freude und Eure Ruhe werden auch weiter meine sein.« – *Aber wohin gehst Du? Oder welche neue Lust ruft Dich aus unserer Gesellschaft fort? Kann Dir denn irgend etwas angenehm sein ohne Deine Freunde? Und kann Dir irgend etwas Freude bereiten, woran wir nicht teilnehmen?* »Ja, meine Freunde, die Lust, die ich jetzt suche, erlaubt Eure Teilnahme nicht. Dabei allein wünsche ich Eure Abwesenheit. Und dabei allein vermag ich reichlich Ausgleich für den Verlust Eurer Gesellschaft zu finden.«

Doch ich bin noch nicht weit in die Schatten des dichten Gehölzes vorgedrungen, das eine zweite Nacht um mich her verbreitet, als, dünkt mich, ich in der Düsternis die bezaubernde CAELIA, die Herrin meiner Wünsche, erblicke, wie sie ungeduldig durch das Wäldchen wandelt und leise, der verabredeten Stunde vorauseilend, meine Säumigkeit tadelt. Aber ihre Freude über mein Erscheinen ist meine beste Entschuldigung. Verflogen sind alle ängstlichen und zornigen Gedanken, und Raum bleibt nur für Freude und Entzücken aneinander. Mit welchen Worten, meine

Schöne, soll ich Dir meine Zärtlichkeit ausdrücken und Dir die Gefühle beschreiben, die meine entzückte Brust jetzt warm durchströmen? Worte sind zu schwach, Dir meine Liebe zu beschreiben. Und wenn Du, ach!, in Dir nicht dieselbe Flamme brennen fühlst, wird jeder Versuch vergeblich sein, Dir meine Liebe recht begreiflich zu machen. Doch jedes Wort von Dir und jede Bewegung genügen, um meinen Zweifel zu zerstreuen; und während sie Deine Leidenschaft bekunden, entfachen sie wiederum meine. Wie liebreizend diese Einsamkeit, diese Stille, diese Dunkelheit. Keine Gegenstände bedrängen die entzückte Seele. Von nichts als unserem gemeinsamen Glück ist all unser Denken, sind alle unsere Sinne ganz erfüllt. So genießen wir eine Lust, die verblendete Sterbliche in allen anderen Freuden vergeblich suchen. –

Doch warum ist Dein Busen schwer von Seufzern? Warum benetzen Tränen Deine glühenden Wangen? Warum quälst Du Dein Herz mit grundlosen Ängsten? Warum fragst Du mich oft, *wie lange meine Liebe dauern wird?* Ach, meine CAELIA, kann ich Dir diese Frage lösen? *Weiß ich denn, wie lang mein Leben noch dauern wird?* So ängstigt auch dies Dein Herz? Und ist das Bild unserer Vergänglichkeit und Sterblichkeit allzeit in Dir, um Dir die heitersten Stunden zu vergällen und sogar die Freuden der Liebe zu vergiften? Bedenke doch: Wenn das Leben ungewiß, wenn die Jugend vergänglich ist, dann laß uns die Zeit der Gegenwart gut nutzen und keinen Teil eines so vergänglichen Daseins verlieren. Eine kleine Zeitspanne noch, und *diese* Menschen werden nicht mehr sein. Wir werden sein, als wenn wir nie gewesen wären. Nichts auf der Erde wird an uns erinnern. Und auch die ausgedachten Schatten der Unterwelt werden uns keinen Aufenthalt gewähren. Alle unsere gegenstandslosen Ängste, unsere eitlen Pläne, unsere ungewissen Spekulationen werden verschwunden und verloren sein. Leider werden unsere Fragen, die uns jetzt beschäftigen, Fragen nach der ersten Ursache aller Dinge niemals beantwortet werden. Dessen allein können wir sicher sein, daß, wenn ein Geist die Welt regiert, es ihm gefallen muß zu sehen, wie wir den Endzweck unseres Seins erfüllen und uns der Lust erfreuen, für die allein wir geschaffen sind. Laß diesen Gedanken Dein ängstliches Gemüt erleichtern, doch beschwere Deine Freuden nicht mit zu großem Ernst, indem Du unablässig diesem Gedanken nachhängst. Genug, wenn Du einmal mit dieser Philosophie bekannt geworden bist, um hernach der Liebe und der Fröhlichkeit ganz die Zügel zu überlassen und alle Bedenklichkeiten eines leeren Wahns zu entfernen. Doch, meine Schöne, da Jugend und Leidenschaft unser lebhaftes Verlangen neu entfachen, sollten wir frohere Gespräche unter unsere Liebkosungen mischen.

*Der Stoiker**

Offensichtlich verhält sich die Natur ganz unterschiedlich gegen Mensch und Tier: Da sie den Menschen nämlich mit etwas Hohem: mit Geist vom Himmel begabt und damit eine Affinität zu höheren Wesen gegeben hat, duldet sie nicht, daß so edle Talente schlaff und müßig daniederliegen. Statt dessen treibt sie den Menschen durch den Druck der Not, in jeder neuen schwierigen Situation sein Äußerstes an *Kunstfertigkeit* und *Fleiß* zu geben. Bei den Tieren hat die Natur für viele Bedürfnisse vorgesorgt, indem die wohltätige Mutter aller Dinge sie kleidete und mit Waffen versah. Und wo je ihr *Fleiß* erfordert ist, gibt die Natur den Tieren durch eingepflanzte Instinkte noch die *Kunstfertigkeit* dazu und leitet sie durch ihre unfehlbaren Maßregeln zu ihrem Besten. Der Mensch aber, nackt und bloß den rauhen Elementen ausgesetzt, wächst nur allmählich durch Fürsorge und Umsicht seiner Eltern aus diesem Zustand der Hilflosigkeit heraus. Ist er dann groß geworden und voll ausgebildet, hat er nicht mehr erreicht als die Fähigkeit, sich durch eigene Fürsorge und Umsicht selbst zu erhalten. Nichts gibt es für ihn ohne Arbeit und Geschicklichkeit. Und selbst dort, wo die Natur die Materialien bereitstellt, sind diese solange roh und unfertig, bis unablässiger Fleiß und verständige Arbeit sie aus dem Rohzustand heraus verfeinern und für Gebrauch und Bequemlichkeit der Menschen passend machen.

Erkenne daher, o Mensch, die Güte der Natur! Denn sie gab Dir Verstand, um Dich mit allem zu ver-

* Oder der Mann der Tat und Tugend

sehen, wessen Du bedarfst! Aber laß nicht Trägheit, unter dem falschen Schein der Dankbarkeit, Dich überreden, es mit ihren Gaben sein Bewenden haben zu lassen! Würdest Du wirklich wieder dahin wollen, daß rohe Kräuter Deine Nahrung, der offene Himmel Dein Dach und Steine und Keulen Deine Waffen gegen die Raubtiere der Wildnis wären? Nun, dann kehre auch zu Deinen wilden Sitten, Deinem Aberglauben, der Dich ängstigt, und zur Unwissenheit der Tiere zurück, ja, laß Dich noch unter das Niveau der Tiere hinabsinken, wenn Du ihre Lage bewunderst und so gerne nachahmen möchtest!

Deine gütige Mutter Natur hat Dir nicht allein Kunstfertigkeit und Verstand gegeben, sondern auch die ganze Erde mit dem Stoff angefüllt, um diese Talente zu beschäftigen. Höre auf ihre Stimme, die Dir so deutlich sagt: Du selbst sollst der Gegenstand Deines Fleißes sein! Durch Kunst und wachen Geist allein vermagst Du Dir ein Können zu erwerben, das Dich in den Dir gebührenden Rang im Universum erheben wird. Schau diesen kunstreichen Handwerker an, wie er rohes, formloses Gestein in ein edles Metall umwandelt, wie das Metall unter seinen geschickten Händen Form annimmt und wie er, als wäre es Zauberei, sich alle Waffen zu seiner Verteidigung und alles Gerät zu seiner Bequemlichkeit erschafft! Solches Geschick besitzt er nicht von Natur aus: Übung und praktische Erfahrung haben ihn gelehrt. Und wenn Du, was er erreichte, übertreffen willst, mußt Du seinen mühsamen Weg nachgehen.

Willst Du aber, indem Du *ehrgeizig* Deine Körperkräfte und die Fähigkeiten Deiner Hände zu vervollkommnen trachtest, *achtlos* Deinen Geist vernachlässigen und ihn aus törichter Faulheit so roh und unkultiviert lassen, wie Du ihn aus den Händen der

Natur empfangen hast? Fern seien solche Torheit und Nachlässigkeit von einem jeden vernünftigen Wesen! Wo Natur mit ihren Gaben und Talenten sparsam gewesen ist, bedarf es um so mehr der Kunst, um ihre Mängel auszugleichen. Wo sie dagegen großzügig und freigiebig gewesen ist, wisse, daß sie gleichwohl Fleiß und praktische Übung von uns erwartet und daß sie sich rächt im genauen Verhältnis zu unserer Nachlässigkeit und Undankbarkeit. Reiche Geistesgaben sind wie fruchtbarer Boden: Unbearbeitet läßt er nur das Unkraut üppig sprießen, und anstatt Wein und Öl zur Lust und zum Nutzen der Menschen liefert er seinem Besitzer die reichste Ernte ungenießbarer Früchte.

Glück zu erreichen, ist der große Endzweck, dem aller Fleiß der Menschen gilt. Dafür wurden Künste erfunden und Wissenschaften gepflegt, dafür haben Patrioten und Staatsmänner aus tiefer Einsicht Gesetze gegeben und die Gesellschaft gestaltet. Sogar der einsame Wilde, der Unfreundlichkeit der Elemente und der Wut wilder Tiere preisgegeben, vergißt keine Minute den großen Zweck seines Daseins. Zwar weiß er nichts von all den Künsten, die dem Leben dienen, aber er hat dasselbe Ziel im Auge: Eifrig sucht er, inmitten aller Dunkelheit, die ihn umgibt, nach dem Glück. Ebenso weit jedoch, wie der noch rohe Wilde unter dem gesitteten Bürger steht, der (unter dem Schutz von Gesetzen) sich aller Bequemlichkeit erfreut, die Menschenfleiß hervorgebracht hat, ebenso weit steht dieser Bürger wieder unter dem Mann der Tugend und dem wahren Philosophen, der seine Triebe zügelt und seine Leidenschaften im Zaum hält und den Vernunft gelehrt hat, allen Zielen und allem Vergnügen den rechten Wert beizumessen. Verlangen denn nicht alle anderen Errungenschaften Kunstfertigkeit und Fleiß? Und da sollte es keine Lebenskunst, keine Regel, keine Vorschrift geben, um uns bei diesem Hauptzweck anzuleiten? Verlangt denn nicht jedes einzelne Vergnügen sein besonderes Geschick? Und da sollte das Ganze ohne Nachdenken und Verstand, allein durch blinden Trieb und durch Instinkt zu leiten sein? Gewiß: Wenn es so wäre, so würden uns keine Fehler unterlaufen, und jeder, wie ausschweifend und gedankenlos er auch immer lebte, würde im Verfolg seines Glücks auf derselben unfehlbaren Bahn fortfahren, die die Himmelskörper einhalten, wenn sie, durch die Hand des Allmächtigen gelenkt, auf ihren Ebenen durch den Weltraum rollen. Wenn es aber so ist, daß häufig Fehler passieren, ja daß Fehler ganz unvermeidlich sind, dann laß uns unsere Fehler erkennen, ihre Ursachen erforschen, ihr Gewicht ermessen und auf Abhilfe sinnen. Wenn wir dementsprechend die Regeln richtigen Verhaltens festgesetzt haben, dann sind wir *Philosophen;* wenn wir gemäß diesen Regeln leben, sind wir *Weise.*

Die vielen untergeordneten Handwerker, deren Aufgabe es ist, die verschiedenen Räder und Triebfedern einer Maschine herzustellen, gleichen denen, die sich jeweils in besonderen, dem Leben dienenden Geschicklichkeiten hervortun. *Er* aber ist der Oberwerkmeister, der die verschiedenen Teile zusammenzufügen weiß, der sie harmonisch und im richtigen Verhältnis bewegt und der wahres Glück als das Ergebnis solch planvoller Ordnung hervorbringt.

Da Du so ein verlockendes Ziel vor Augen hast: Sollten Dir wirklich die Arbeit und die Anstrengungen, die es braucht, um dies Ziel zu erreichen, je drükkend und untragbar scheinen? Wisse, daß eben diese Arbeit selbst der Hauptbestandteil jenes Glückes ist, das Du erstrebst, und daß jedes Vergnügen nur allzu bald schal und abgeschmackt wird, wenn nicht durch

Fleiß und Mühe erworben. Sieh, wie die verwegenen Jäger sich von ihren weichen Lagern erheben, den Schlaf abschütteln, der noch ihre Augenlider beschwert, und dem Walde entgegeneilen, ehe noch *Aurora* den Himmel mit ihrem Flammenmantel bedeckt hat! Hinter sich, in ihren eigenen Gehöften und in den angrenzenden Gefilden lassen sie Getier aller Art zurück, dessen Fleisch ihnen die köstlichste Speise gibt und das sich selbst dem Schlachtmesser darbietet. Der Jäger aber liebt die Mühe und verachtet, was so leicht zu haben ist. Er stellt einer Beute nach, die sich vor seinem Blick verbirgt, die vor ihm flieht oder sich gegen seinen Angriff wehrt. Hat er auf der Jagd seine Leidenschaften ausgetobt und alle Glieder seines Körpers erschöpft, dann empfindet er den Reiz der Ruhe und vergleicht mit Vergnügen die neue Lust mit der Lust jener ihn reizenden Mühen.

Und wenn es uns ein Vergnügen bereiten kann, uns um geringer Beute willen, die uns noch dazu oft entkommt, anzustrengen und umzutreiben, kann dann nicht derselbe Fleiß die Bildung unseres Herzens, die Mäßigung unserer Leidenschaften und die Aufklärung unseres Verstandes eine angenehme Beschäftigung werden lassen, zumal wenn wir täglich unsere Fortschritte sehen und wenn wir bemerken, wie unsere innere Verfassung und Haltung immer heller wird mit jedem neuen liebenswerten Zug? Beginne damit, Dich aus Lethargie und Trägheit zu befreien! Das ist so schwer nicht: Du brauchst nur zu schmecken, wie süß rechtschaffene Arbeit ist. Lerne sodann, den Wert eines jeden Bestrebens richtig einzuschätzen. Ein langes Studium braucht es dazu nicht: Setze nur einmal Geist und Körper, Tugend und materielle Güter, Ehre und Sinnenlust ins Verhältnis, und Du wirst sehen, welcher Gewinn im Tätigsein liegt, und wirst erkennen, welches die rechten Gegenstände Deiner Tatkraft sind.

Vergeblich erwartest Du von Rosenbetten Erquikkung; vergeblich erhoffst Du Dir von köstlichen Weinen und Früchten Genuß. Dein Müßiggang selbst wird Dir zur Last; Deine Wollust selbst gebiert den Ekel. Dem untätigen Geist ist bald alles Vergnügen schal und zuwider. Und ehe noch der Körper, in dem sich schädliche Säfte sammeln, die Qual seiner vielfältigen Krankheiten zu spüren bekommt, empfindet der bessere Teil Deines Wesens bereits das schleichende Gift – und sucht doch vergebens Erleichterung in neuer Wollust, die die tödliche Krankheit nur verschlimmert.

Ich brauche Dir nicht zu sagen, daß solche Gier nach Lust Dich mehr und mehr den Zufällen eines schwankenden Glücks preisgibt und Dich Dein Herz an äußere Dinge heften läßt, die Dir jede Wendung des Schicksals im Handumdrehen rauben kann. Selbst einmal angenommen, daß ein guter Stern Dir den Genuß Deiner Reichtümer auf immer garantiert, so beweise ich Dir doch, daß Du sogar in all dem Luxus unglücklich bist und daß Du, im ungehemmten Genuß, unfähig bist, Dich dessen zu erfreuen, was ein günstiges Schicksal Dir zu besitzen erlaubt.

Denn die Unbeständigkeit des Schicksals darf man doch sicher nicht übersehen oder geringschätzen. Glück kann es nicht geben, wo es keine Sicherheit gibt; und Sicherheit kann es nicht geben, wo der Zufall auch nur die geringste Macht besitzt. Selbst wenn die wankelmütige Fortuna ihren Zorn nicht gegen Dich kehren sollte, die Furcht davor würde Dich allemal martern, würde Dir den Schlaf rauben, würde Dich in Deinen Träumen verfolgen und würde mit dem Mehltau der Niedergedrücktheit die Ausgelassenheit Deiner köstlichsten Gastmähler überziehen.

Der Tempel der Weisheit steht auf einem Felsen hoch über den wütend kämpfenden Elementen: unerreichbar für alle Bosheit der Menschen. Unter ihm brechen sich die rollenden Donner der Kanonen, doch diese noch schrecklicheren Werkzeuge menschlicher Wut erreichen so erhabene Höhen nicht. Der Weise atmet klare Luft und blickt mit Vergnügen, in das sich Mitgefühl mischt, auf die Irrungen der fehlgeleiteten Sterblichen, die blind nach dem richtigen Lebensweg suchen und die auf Reichtümer, Adelsprädikate, Ehre oder Macht aus sind und diese für echte Glückseligkeit halten.[5] Die meisten sieht er in ihren Herzenswünschen enttäuscht: Einige lamentieren, daß ihnen ein mißgünstiges Schicksal den sehnlichst begehrten Gegenstand, den sie einst in Händen hielten, geraubt hat. Und alle beklagen, daß selbst die Erfüllung ihrer sehnlichsten Wünsche ihnen kein Glück beschere und ihnen keine Erleichterung für ihre von Ängsten zermarterte Seele verschaffe.

Bewahrt sich der Weise aber immer in solcher philosophischen Indifferenz? Ist er zufrieden damit, das Elend der Menschheit zu beklagen, ohne sich je für die Erleichterung ihres Loses einzusetzen? Hält er sich beständig an diese karge Weisheit, die in Wahrheit, während sie vorgibt, ihn über die Sphäre menschlicher Geschicke zu erheben, nur sein Herz verhärtet und ihn für die Interessen der Menschen und das Wohl der Gesellschaft unempfindlich macht? Keineswegs! Denn er weiß, daß sich in solch trotziger *Apathie* weder wahre Weisheit noch wahres Glück finden lassen. Zu sehr empfindet er den Zauber der Liebe zu den Mitmenschen, als daß er je einer so süßen, so natürlichen, so tugendhaften Neigung entgegenwirken könnte. Selbst wenn er, aufgelöst in Tränen, das Elend der Menschheit, seines Landes oder seiner

Freunde beklagt und wenn er ihnen auch keine tätige Hilfe leisten, sondern nur durch sein Mitgefühl Erleichterung verschaffen kann, empfindet er gleichwohl das Angenehme solcher Großherzigkeit und eine Befriedigung, die alle Sinnenlust übertrifft. So ansteckend wirkt dies Gefühl der Humanität, daß es das Antlitz des Kummers selbst aufhellt und wie die Sonne wirkt, die auf die dunkle Wolke oder fallenden Regen mit ihrem Schein die strahlendsten Farben malt, die sich im Umkreis der Natur nur immer finden lassen.

Aber nicht allein hierin zeigen die sozialen Tugenden ihre Kraft. Misch sie, womit auch immer, sie werden stets wieder hervortreten. Wie Kummer sie nicht zu überwinden vermag, so kann Sinnenlust sie nicht verdunkeln. Liebeslust, wie wild auch immer, verbannt doch nicht die zarten Gefühle der Sympathie und der Zuneigung. Gerade aus dieser edlen Regung bezieht sie ihre größte Kraft und verursacht ohne sie der unglücklichen Seele nur Überdruß und Ekel. Sieh den hemmungslosen Genießer, der vorgibt, alle Vergnügungen zu verachten außer Wein und Lustigsein: Trenne ihn von seinen Kumpanen, und wie ein Funke vom Feuer, zu dessen Flammenglut er eben noch beigetragen hat, wird seine Ausgelassenheit plötzlich verlöschen: versehen mit allen Hilfsmitteln der Lust, ekelt ihn doch das üppige Mahl, so daß ihm selbst die abgezogenste Spekulation angenehmer und unterhaltsamer erscheint.

Doch niemals bereiten die sozialen Gefühle ein solches Entzücken oder zeigen in den Augen GOTTES wie der Menschen ein herrlicheres Gesicht, als wenn sie alle irdische Zutat abschütteln, sich mit einer tugendhaften Gesinnung verbinden und uns zu lobenswerten Taten veranlassen. So wie harmonische

Farben durch ihre freundschaftliche Vereinigung einander gegenseitig heben, so steigern veredelnde Gesinnungen in der Brust des Menschen einander wechselseitig. Schau den Triumph der Natur in der Elternliebe! Welche selbstsüchtige Passion, welche Sinnenlust kommt dem gleich, wenn ein Mann frohlockt über das Wohlergehen und die Tüchtigkeit seines Kindes oder wenn er, schrecklichster und bedrohlichster Gefahren ungeachtet, ihm zu Hilfe eilt?

Fahr fort darin, das großherzige Gefühl zu reinigen, und Du wirst um so mehr seinen Glorienschein bewundern. Welch ein Zauber liegt im Gleichklang der Seelen und in einer Freundschaft, die auf wechselseitiger Hochachtung und Dankbarkeit gegründet ist! Welche Befriedigung liegt darin, das Los der Mühseligen zu erleichtern, die Niedergeschlagenen aufzurichten, die Gefallenen aufzuheben und dem Lauf eines grausamen Schicksals oder einem noch grausameren Menschen in den Arm zu fallen, die die Guten und Tugendsamen beleidigen! Und welche hohe Freude liegt in den Siegen über Laster sowohl als Elend, wenn das Beispiel der Tugend und wenn weise Ermahnung unsere Mitgeschöpfe lehren, ihre Leidenschaften zu zügeln, ihr lasterhaftes Leben zu ändern und die schlimmsten Feinde: die in ihrer eigenen Brust, zu besiegen!

Doch selbst diese Dinge sind noch zu klein für die Seele des Menschen, die, selbst himmlischen Ursprungs, erfüllt ist von einer allumfassenden göttlichen Liebe, die ihr Wohlwollen weit über Bekannte und Verwandte hinaus bis auf die fernste Nachwelt ausdehnt. Freiheit und Gesetze erachtet sie als die Quelle menschlichen Glücks; und sie widmet sich mit größter Bereitwilligkeit ihrem Schutz und ihrer Bewahrung. Mühsal, Gefahr, ja der Tod selbst sind süß, wenn wir sie um des Gemeinwohls willen auf uns nehmen, und sie veredeln das Dasein, das wir großherzig dem Wohle unseres Landes opfern.[6] Glücklich der Mann, dem ein günstiges Schicksal verstattet, der Tugend zu zahlen, was er der Natur schuldet, und aus freien Stücken zum Geschenk zu machen, was anderenfalls die Notwendigkeit mit brutaler Gewalt ihm rauben müßte.

In dem, der wirklich weise und ein echter Patriot ist, verbindet sich alles, was die menschliche Natur auszeichnet und den Sterblichen zur Gottähnlichkeit erhebt. Sanfteste Güte, unbeugsame Entschlossenheit, zärtlichste Gesinnungen, höchste Tugendliebe – sie alle beseelen, einander übersteigend, seine entzückte Brust. Welche Zufriedenheit, wenn er in seinen eigenen Busen schaut und sieht, wie ein Gewühl von Leidenschaften sich zu wahrer Harmonie und Eintracht stimmt, und er allen Mißklang aus dieser verzückenden Musik verbannt findet! Wenn die ruhige Betrachtung selbst unbeseelter Schönheit so herrlich ist, wenn Schönheit unserer äußeren Gestalt die Sinne fesselt, was muß erst der Effekt moralischer Schönheit sein? Und welche Wirkung muß sie erst haben, wenn sie unsere eigene Seele ziert und die Frucht unseres eigenen Nachdenkens und unserer Arbeit an uns selber ist?

Wo aber ist der Lohn der Tugend? Und welchen Ausgleich hat die Natur für so große Opfer wie Leben und Glücksgüter vorgesehen, die oft der Tugend zu bringen sind? – Oh, ihr Erdensöhne! Kennt ihr denn den Wert dieser göttlichen Geliebten nicht? Ja, fragt ihr Kleingeister im Angesicht ihres wahren Liebreizes tatsächlich nach ihrer Mitgift? Doch wisset, daß die Natur sich gnädig unserer Schwäche angenommen und daß sie ihr Lieblingskind nicht nackt und ohne

Gaben gelassen hat! Die reichste Mitgift gab sie der Tugend! Aus Sorge aber, der Anreiz des Eigeninteresses möchte Bewerber anlocken, die den wahren Wert einer so schönen Göttin nicht zu schätzen wissen, hat sie es weise so eingerichtet, daß ihre Mitgift nur in den Augen derer verlockend ist, die schon in Liebe zur Tugend entbrannt sind. RUHM ist die Mitgift der Tugend, der süße Lohn für ehrenvolle Taten die Triumphkrone, die das gedankenvolle Haupt des uneigennützigen Patrioten ziert oder die staubbedeckte Stirn des siegreichen Kriegers. Durch so sublimen Preis erhoben, blickt der Mann der Tugend auf alle Lockungen der Lüste und alle Bedrohung durch Gefahr gleichermaßen mit Verachtung herab. Der Tod selbst verliert seine Schrecken durch den Gedanken, daß seine Macht sich nur auf einen Teil von ihm erstreckt und daß er trotz Tod und Endlichkeit, trotz dem Wüten der Elemente und den endlosen Wechselfällen des menschlichen Lebens sich eines unsterblichen Ruhms unter allen nachfolgenden Geschlechtern sicher sein kann.

Es ist gewiß, daß über das Weltall ein Wesen herrscht, das mit unendlicher Macht und Weisheit die gegeneinander streitenden Elemente ins Verhältnis und in die richtige Ordnung gebracht hat. Spekulative Köpfe mögen darüber vernünfteln, wie weit dies wohlwollende Wesen seine Fürsorge erstreckt und ob es unser Leben über das Grab hinaus erhält, um der Tugend ihren gerechten Lohn zuteil werden und sie vollends triumphieren zu lassen. Der Mann der Tat dagegen läßt solche Zweifelsfragen offen und bescheidet sich mit dem Teil, das ihm der höchste Herrscher über alle Dinge zugewiesen hat. Dankbar nimmt er es an, daß ihm noch weiterer Lohn winkt. Aber selbst wenn nicht, so erachtet er Tugend nicht als ein leeres

Wort. Mit Recht schätzt er sie als ihr eigener Lohn. Und dankbar erkennt er die Wohltat seines Schöpfers, der ihn ins Leben rief und ihm eben dadurch die Gelegenheit gab, sich einmal ein so unschätzbares Besitztum zu erwerben.

*Der Platoniker**

Für manche Philosophen ist es ein Gegenstand der Verwunderung, daß die Menschen, da sie doch alle dasselbe Wesen haben und mit denselben Fähigkeiten ausgestattet sind, sich, was ihr Streben und ihre Neigungen anbelangt, so sehr voneinander unterscheiden und daß der eine aufs schärfste verurteilt, was ein anderer sich sehnlichst wünscht. Manchen Philosophen ist es ein Gegenstand noch größerer Verwunderung, daß ein einzelner Mensch sich von sich selbst zu verschiedenen Zeiten so gewaltig unterscheiden kann, daß er, wenn er es erst besitzt, voller Verachtung verwirft, was zuvor der Gegenstand aller seiner Beteuerungen und Wünsche war. Mir dagegen kommt dieses fieberhafte Hin und Her der Unentschlossenheit, das sich im Verhalten der Menschen zeigt, ganz und gar unvermeidlich vor. Denn keine vernünftige Seele, die zur Betrachtung des höchsten Wesens und seiner Werke gemacht ist, kann sich der Ruhe erfreuen oder Zufriedenheit finden, solange sie dem Streben nach niedriger Sinnenlust verhaftet ist und nach dem Beifall des Pöbels giert. Die Gottheit ist ein grenzenloser Ozean der Herrlichkeit und des Glücks. Und die Seelen der Menschen sind kleine Flüsse, die einstmals aus diesem Meer entsprangen und immer noch in allen ihren Mäandern dahin zurückzukehren und sich im Meer unendlicher Vollkommenheit zu verlieren suchen. Wenn Laster und Torheit sie in ihrem natürlichen Lauf behindern, schwellen sie an zu reißenden

---

* Oder der Mann der Kontemplation und der *philosophischen* Gottesverehrung

Strömen, die Schrecken und Verwüstung in ihrer Umgebung verbreiten.

Umsonst preist jeder in hochtrabenden Worten und mit leidenschaftlicher Miene seinen eigenen Weg und lädt die Leichtgläubigen ein, es seiner Art zu leben gleichzutun. Das Herz straft ihre Mienen Lügen und empfindet schmerzlich, selbst auf den höchsten Höhen des Erfolges, das Ungenügen aller jener Freuden, die es von seinem eigentlichen Gegenstande fernhalten. Ich betrachte den Wollüstigen vor dem Genusse, ich messe die Stärke seines Verlangens und wieviel ihm an dem liegt, was er verlangt, und ich finde, daß all seine Glückseligkeit in nichts als der Geschwindigkeit des Gedankens ihren Ursprung hat, der ihn von sich selbst ablenkt und seinen Blick von seiner Schuld und seinem Elend abwendet. Ich betrachte ihn einen Augenblick später: Er hat jetzt seine Lust genossen, nach der er mit jeder Faser seiner Seele verlangte. Mit doppeltem Schmerz kehrt ihm das Bewußtsein seiner Schuld wie seines Elends zurück: Seine Seele gequält von Angst und Reue, sein Körper ermattet von Ekel und Übersättigung.

Da aber tritt eine erhabenere Persönlichkeit kühn unserer Kritik entgegen, zumindest eine, die ihren Kopf höher trägt. Den Titel eines Philosophen oder eines Moralisten gibt sie sich und will sich bereitwillig unserer strengsten Prüfung unterwerfen. Mit verhohlener und doch sichtlicher Ungeduld fordert sie Beifall und Billigung von uns und scheint beleidigt darüber, wenn wir auch nur einen Augenblick zögern, bevor wir in laute Bewunderung ihrer Tugend und Tüchtigkeit ausbrechen. Angesichts solcher Ungeduld aber zögere ich noch mehr und fange an, die Triebkräfte dieser scheinbaren Tugend zu erforschen. Doch seht! Noch bevor ich mit dieser Untersuchung beginnen kann, hat sich der Philosoph und Moralist schon von mir ab- und seine Rede der Menge einer kopflosen Zuhörerschaft zugewandt, die er, selbst ein Tor, mit prächtigen Angebereien hinters Licht führt.

O Philosoph! Deine Weisheit ist nichtig und Deine Tugend taugt zu nichts. Du suchst den Beifall von Unwissenden, nicht ein verläßliches Bild Deiner selbst im Spiegel Deines Gewissens, nicht die noch verläßlichere Einschätzung durch jenes Wesen, das mit einem Blick seines allsichtigen Auges das ganze Weltall durchdringt. Natürlich ist Dir die Hohlheit Deiner angeblichen Rechtschaffenheit bewußt, wenn Du Dich Bürger, Sohn oder Freund nennst und dabei zugleich einen höheren Herrscher über dir, Deinen wahren Vater und Deinen größten Wohltäter vergißt. Wo bleibt die Verehrung, die Du der unendlichen Vollkommenheit schuldig bist, die die Quelle alles guten und alles Wertvollen ist? Wo ist die Dankbarkeit, die Du Deinem Schöpfer schuldest, der Dich aus dem Nichts ins Dasein rief, der Dich in vielfältige Verhältnisse zu Deinen Mitgeschöpfen setzte und der von Dir die Erfüllung aller Pflichten verlangt, die sich aus diesen Verhältnissen ergeben, doch Dir zugleich verbietet, je zu vergessen, was Du ihm selbst schuldig bist, jenem vollkommensten Wesen, mit dem Du durch das stärkste Band verbunden bist?

Statt dessen aber bist Du Dein eigener Götze und betest Deine eigenen *eingebildeten* Vollkommenheiten an. Oder eher: Da Dir Deine *tatsächlichen* Unvollkommenheiten fühlbar sind, suchst Du nur die Welt zu täuschen und Deiner Einbildung durch die Vermehrung Deiner unwissenden Bewunderer zu gefallen. Nicht zufrieden damit also, daß Du nicht achtest, was im ganzen Universum das Vorzüglichste ist, suchst Du auch noch, an seine Stelle das Schlechteste und Verächtlichste zu setzen.

Betrachte die Werke von Menschenhand, die Erfindungen des menschlichen Geistes, die so gut beurteilen zu können Du Dir schmeichelst: Du wirst entdecken, daß das vollkommene Werk stets aus einem vollkommenen Gedanken hervorgeht, und daß es allein der GEIST ist, den wir bewundern, wenn wir der Anmut einer wohlproportionierten Statue oder der Symmetrie eines Bauwerks unseren Beifall zollen. Stets kommen uns dabei der Bildhauer und der Architekt in den Sinn und lassen uns das Schöne ihrer Kunst und Erfindungskraft erkennen, die einem Haufen ungeformter Materie etwas so Ausdrucksvolles und Wohlgestaltetes abgewinnen konnten. Die höhere Schönheit des Denkens und des Verstandes erkennst auch Du an, wenn Du uns einlädst, in Deinem Betragen die Harmonie der Neigungen, die Würde der Gesinnungen und jene Seelenanmut zu betrachten, die vor allem unserer Aufmerksamkeit wert ist. Aber warum hier anhalten? Erkennst Du nichts anderes, das wertvoll ist? Weißt Du, der Du voll Begeisterung für Schönheit und Ordnung bist, denn nicht, wo die vollkommenste Schönheit zu finden ist? Und die vollkommenste Ordnung? Vergleiche die Werke der Kunst mit denen der Natur. Die einen sind nur Nachahmungen der anderen. Je näher die Kunst der Natur kommt, für desto vollkommener wird sie gehalten. Aber wie weit entfernt ist noch die größte Näherung! Wie unermeßlich der unübersehbare Abstand! Die Kunst kopiert nur die Außenseite der Natur, nicht die inneren und noch viel mehr zu bewundernden Triebfedern und Prinzipien, die ihr Imitationsvermögen übersteigen oder jenseits ihrer Fassungskraft liegen. Die Kunst kopiert nur die kleinen Werke der Natur, ohne Hoffnung, Großartigkeit und Pracht je zu erreichen, die die Meisterwerke der Natur zu Gegenständen des Staunens machen. Können wir denn so blind sein, um nicht einen Plan und ein intelligentes Wesen in dem so wunderbar durchdachten Bau der Welt zu erkennen? Können wir denn so töricht sein, die heiße Begeisterung nicht zu empfinden, in der sich Anbetung und Verehrung ausdrücken, wenn wir jenes intelligente Wesen betrachten, das so unendlich gut und so unendlich weise ist?

So viel ist sicher: Die vollkommenste Glückseligkeit muß aus der Betrachtung des vollkommensten Gegenstandes hervorgehen. Was aber ist vollkommener als Schönheit und Tugend? Und wo ließe sich eine Schönheit finden, die der des Weltalls gleichkäme? Oder eine Tugend, die dem Wohlwollen und der Gerechtigkeit der Gottheit vergleichbar wäre? Wenn überhaupt etwas die Lust solcher Betrachtung vermindern kann, dann die Beschränktheit unserer Fähigkeiten, so daß der größte Teil dieser Schönheiten und Vollkommenheiten uns verborgen bleibt, – oder die Kürze unseres Lebens, so daß uns nicht genug Zeit gegeben ist, um uns über sie zu unterrichten. Das aber ist unser Trost, daß, wenn wir die uns hienieden gegebenen Kräfte würdig gebrauchen, sie in einem anderen Zustand unseres Daseins vergrößert werden, um uns nur desto besser instand zu setzen, unseren Schöpfer zu verehren, – und daß die Aufgabe, die in der Zeit niemals vollbracht werden kann, die Beschäftigung einer Ewigkeit sein wird.

Der Skeptiker

Schon lange betrachte ich mit Mißtrauen, was Philosophen in allen möglichen Fragen für ausgemachte Wahrheit halten, und neige mehr dazu, ihre Schlußfolgerungen zu bestreiten als ihnen zuzustimmen. Es ist immer derselbe Fehler, den sie fast alle machen, nämlich sich auf Prinzipien von sehr eingeschränkter Gültigkeit zu stützen und der unendlichen Mannigfaltigkeit nicht Rechnung zu tragen, an der der Natur bei allen ihren Wirksamkeiten doch so sehr gelegen war. Hat ein Philosoph einmal sein Lieblingsprinzip festgesetzt, das vielleicht wirklich eine ganze Reihe natürlicher Effekte erklärt, dann dehnt er dessen Geltungsbereich gleich auf die ganze Schöpfung aus und führt auf Biegen und Brechen und um den Preis absurder Argumente jede Erscheinung darauf zurück. Da unsere Geisteskräfte klein und von geringer Reichweite sind, können wir unsere Begriffe nicht auf die Vielfältigkeit der Natur im ganzen ausdehnen, aber uns einbilden, daß die Natur in ihrer Wirksamkeit denselben Beschränkungen unterworfen sei wie wir in unseren theoretischen Spekulationen.

Wenn aber irgendwo dieser Verdacht gegen philosophische Räsonnements am Platze ist, dann dort, wo das Leben der Menschen und die Wege zur Glückseligkeit ihr Thema sind. Denn hier werden die Philosophen nicht nur durch die Eingeschränktheit ihres Verstandes, sondern auch noch durch ihr Gefühl in die Irre geführt. Fast jeder hat seine vorherrschende Neigung, der seine anderen Wünsche und Strebungen untergeordnet sind und die ihn, wenn auch vielleicht mit Unterbrechungen, sein ganzes Leben lang regiert.

Es ist daher für ihn kaum zu begreifen, wie irgendein Ding, das ihm völlig gleichgültig vorkommt, je einer anderen Person ein Vergnügen bereiten oder daß es reizvolle Seiten besitzen kann, die seiner Aufmerksamkeit einfach entgehen. Worum es *ihm* geht, das ist – in seinen Augen – stets das Anziehendste; die Objekte *seiner* Leidenschaften sind stets die wertvollsten; und der Weg, den *er* verfolgt, ist immer der einzige Weg zur Glückseligkeit.

Es gibt aber genug unbestreitbare Belege und auf der Hand liegende Gründe, um diesen vorurteilsbehafteten Vernünftlern, wenn sie darüber nur einen Augenblick nachdenken wollten, die Augen zu öffnen und sie zu zwingen, ihre Maximen und Prinzipien zu erweitern. Sehen sie denn nicht die unendliche Vielfalt von Neigungen und Bestrebungen in der Menschengattung, so daß jedermann mit dem eingeschlagenen Kurs seines Lebens ganz zufrieden zu sein scheint, es aber als das größte Unglück ansehen würde, wenn er in das Lebensgleis seines Nachbarn gezwungen würde? Fühlen sie denn nicht selber, daß durch eine Veränderung der Neigung etwas zu einer Zeit gefällt, was zu einer anderen Zeit mißfällt, und daß es nicht in ihrer Macht steht, auch durch die größte Kraftanstrengung nicht, den Geschmack an etwas oder den Appetit auf eine Sache wiederzubeleben, die ehedem einem Gegenstand seinen Reiz verliehen, der einem heute gleichgültig oder unangenehm vorkommt? Was sollen sie also besagen, diese Generalpräferenzen für das Stadtleben oder das Landleben, für das Leben der Tat oder das des Vergnügens, für das Leben der Zurückgezogenheit oder das der Geselligkeit, wenn – einmal abgesehen davon, daß verschiedene Menschen verschiedene Neigungen haben – jedermanns Erfahrung ihn davon überzeugen kann, daß jede dieser Lebensweisen zu ihrer Zeit angenehm ist und daß vor allem die Vielfalt oder die kluge Mischung der Lebensformen dafür verantwortlich sind, daß sie alle ihr Gutes haben?

Heißt das nun, daß man in dieser Frage alles dem Zufall überlassen soll? Braucht man sich also bloß auf Lust und Laune zu verlassen, wenn es um die Bestimmung des Lebensweges geht, ohne Vernunft zur Entscheidung der Frage zu bemühen, welcher Weg vorzuziehen sei, weil er aller Voraussicht nach der Weg zur Glückseligkeit ist? Macht es also gar keinen Unterschied, wie der eine und wie der andere lebt?

Darauf antworte ich: Das macht allerdings einen großen Unterschied. Von zwei Leuten, die ihrer Neigung entsprechend denselben Lebensweg einschlagen und dasselbe Ziel verfolgen, mag der eine viel sicherere Mittel für seinen Zweck gebrauchen als der andere. *Geht es Euch in erster Linie um Reichtümer?* Nun, dann erwerbt Euch besondere Geschicklichkeit in Eurer Profession; gebt Euch Mühe bei der Ausübung Eures Berufes; vergrößert den Kreis Eurer Freunde und Bekannten; vermeidet Lustbarkeiten und Verschwendung; und seid niemals freigiebig, außer wenn ein größerer Gewinn in Aussicht steht, als er andernfalls durch Sparsamkeit zu erzielen wäre. *Wollt Ihr öffentliches Ansehen erlangen?* Nun, dann hütet Euch vor beiden Extremen, der Arroganz und der Kriecherei. Laßt deutlich werden, daß Ihr auf Euch selbst etwas haltet, aber ohne andere geringzuschätzen. Denn wenn Ihr in die Extreme fallt, werdet Ihr entweder durch Eure Anmaßung den Stolz der anderen verletzen oder sie durch Eure furchtsame Unterwürfigkeit und durch die geringe Meinung, die Ihr von Euch selbst zu haben scheint, lehren, Euch zu verachten.

Dies, sagt Ihr, sind Maximen allgemeiner Lebensklugheit und Besonnenheit, Regeln, die die Eltern ihren Kindern einprägen und an die sich jeder verständige Mensch auf dem Lebensweg, den er sich gewählt hat, halten wird. – Ja, aber was habt Ihr denn mehr gewollt? Kommt Ihr zu einem Philosophen, weil Ihr ihn für einen schlauen Fuchs haltet, um von ihm durch Zauberei oder Hexenkunst etwas über das hinaus zu lernen, was man durch ganz gewöhnliche Klugheit und Vernunft wissen kann? – Ja. Wir kommen zum Philosophen, um uns mehr darüber, wie wir uns Zwecke setzen sollen, als über die Mittel belehren zu lassen, wie diese Zwecke zu erreichen sind. Wir möchten wissen, welche Wünsche wir uns erfüllen, welchen Leidenschaften wir uns überlassen und welchen Trieben wir nachgeben sollen. Was das weitere angeht, verlassen wir uns zu unserer Belehrung auf gemeinen Menschenverstand und auf in aller Welt gültige Lebensregeln.

So bedauere ich es, daß ich mich für einen Philosophen ausgegeben habe. Denn Eure Fragen setzen mich in Verlegenheit, und ich bin in der Gefahr, für einen Pedanten und Schulmeister gehalten zu werden, wenn meine Antwort zu streng und rigoros ausfällt, oder als einer betrachtet zu werden, der Laster und Unmoral predigt, wenn sie zu bequem und freizügig ist. Aber ich will Euch zufriedenstellen. Ich will Euch meine Ansicht über diesen Punkt mitteilen und will mir dabei nur wünschen, daß Ihr sie für so unerheblich haltet wie ich selbst. Sie wird Euch dann weder Eures Spottes wert noch Eures Ärgers würdig scheinen.

Wenn wir überhaupt auf irgendeinen Grundsatz, den die Philosophie lehrt, bauen können, dann, scheint mir, mag es als sicher und unbezweifelt gelten, daß nichts in sich selbst wertvoll oder verächtlich, wünschens- oder hassenswert, schön oder mißgestaltet ist, sondern daß diese Attribute in der besonderen Konstitution, dem spezifischen Gewebe der menschlichen Empfindungen und Neigungen ihren Ursprung haben. Was das eine Tier für eine köstliche Speise hält, erscheint dem anderen widerwärtig. Was bei dem einen Wohlgefühl hervorruft, bereitet einem zweiten Unbehagen. So verhält es sich, wie jeder zugibt, mit körperlichen Empfindungen. Wenn wir die Sache aber näher untersuchen, werden wir dieselbe Beobachtung auch dort machen, wo Geist und Körper zusammenwirken und sich inneres Gefühl und körperliche Triebe miteinander vermischen.

Bittet einen leidenschaftlich Verliebten, Euch die Wesensart seiner Angebeteten zu beschreiben. Er wird Euch sagen, daß ihm die Worte fehlen, um das Bezaubernde dieses Wesens zu beschreiben, und er wird Euch allen Ernstes fragen, ob Ihr je einer Göttin oder einem Engel begegnet seid. Antwortet Ihr: Nein, so wird er sagen, es sei unmöglich, daß Ihr Euch einen Begriff von der göttlichen Schönheit seiner Geliebten macht, von der Vollkommenheit ihrer Gestalt, von der Ebenmäßigkeit ihres Antlitzes, vom Reiz ihrer Erscheinung, von ihrer lieblichen Gemütsart und der Heiterkeit ihrer Laune. Aus all dem könnt Ihr freilich nichts schließen, als daß der arme Mann verliebt ist und daß der allgemeine Trieb zum anderen Geschlecht, den die Natur allen Tieren eingepflanzt hat, in diesem Fall durch gewisse Eigenschaften, die es ihm anziehend machen, auf ein bestimmtes Individuum fixiert ist. Dasselbe göttliche Geschöpf stellt sich nicht allein einem Tier anderer Gattung, sondern auch einem anderen Menschen bloß als ein sterbliches Wesen dar, das sie mit völliger Gleichgültigkeit betrachten.

Die Natur hat allen Tieren eine gleiche Voreingenommenheit für ihre Abkömmlinge mitgegeben. Obwohl ein hilfloses Kind in den Augen aller Unbeteiligten als ein erbärmliches und elendes Geschöpf erscheinen mag, wenn es das Licht der Welt erblickt, betrachten es seine zärtlichen Eltern mit der größten Zuneigung und stellen es über jedes andere noch so vollkommene und vollendete Wesen. Das Gefühl allein, das ursprünglich im Bau der menschlichen Natur angelegt ist, verleiht einem an sich höchst unbedeutenden Gegenstand einen Wert.

Wir können diese Beobachtung erweitern und feststellen, daß auch bei rein geistigen Empfindungen wie dem Gefühl der Ablehnung oder der Zustimmung, durch das ein Gegenstand als ungestalt und häßlich, ein anderer als schön und liebreizend bezeichnet wird, – ich sage, daß auch in diesem Fall die besagten Qualitäten nicht wirklich im Objekt sind, sondern ganz und gar zur Empfindung dessen gehören, der Lob oder Tadel ausspricht. Ich gebe zu, daß es nicht leicht ist, diesen Sachverhalt oberflächlichen Betrachtern so evident zu machen, daß sie ihn gewissermaßen mit Händen greifen können. Denn unsere Natur ist hinsichtlich der geistigen Empfindungen einförmiger als im Hinblick auf viele körperliche Gefühle, und die Menschen sind, was ihre innere Verfassung anlangt, einander ähnlicher als in ihrer Körperlichkeit. Es gibt etwas, das in Dingen des geistigen Geschmacks Gesetzen nahekommt; und Kunstrichter können mit größerer Plausibilität räsonieren und disputieren als Köche und Parfumeure. Wir können aber feststellen, daß es, dieser Gleichförmigkeit innerhalb der Menschengattung ungeachtet, erhebliche Unterschiede hinsichtlich dessen gibt, was für schön und wertvoll gehalten wird, und daß Erziehung, Herkommen, Vorurteil, Laune und Temperament unseren Geschmack beeinflussen. Ihr werdet einen Menschen, der mit ITALIENISCHER Musik nicht vertraut ist und der kein Ohr für ihre Komplexitäten besitzt, niemals davon überzeugen, daß ein SCHOTTISCHES Liedchen ihr nicht vorzuziehen sei. Außer Eurem eigenen Geschmack habt Ihr kein einziges Argument, das Ihr für Eure Sache anführen könntet. Eurem Kontrahenten aber wird sein eigener Privatgeschmack als Argument für das Gegenteil allemal überzeugender vorkommen. Seid Ihr weise, wird jeder von Euch einräumen, daß der andere Recht haben mag. Und da es viele andere Beispiele für solche Geschmacksunterschiede gibt, werdet Ihr beide zugestehen, daß Schönheit und Wert bloß relativer Natur sind und bloß in einer positiven Empfindung bestehen, die ein Gegenstand im jeweiligen Geiste hervorruft, und zwar gemäß der spezifischen Verfassung und Struktur dieses Geistes.

Vielleicht wollte uns die Natur, indem sie die Menschheit mit dieser Verschiedenheit geistigen Empfindens ausstattete, ihre Autorität spüren und uns sehen lassen, welche überraschenden Veränderungen der Leidenschaften und Wünsche sie durch nichts als eine Veränderung des inneren Gewebes der Menschen hervorbringen kann, ohne an den Gegenständen selbst das mindeste zu ändern. Den gemeinen Mann mag schon dieses Argument überzeugen. Der Denkende kann hier aber aus der Natur der Sache ein noch überzeugenderes, jedenfalls aber ein allgemeineres Argument gewinnen.

Im Prozeß rationaler Untersuchung tut man nichts anderes, als die Gegenstände so zu betrachten, wie man annimmt, daß es sich mit ihnen in Wirklichkeit verhalte, ohne etwas hinzuzufügen oder fortzulassen. Untersuche ich die Systeme des PTOLEMÄUS und des KOPERNIKUS, dann ist es das Ziel meiner Forschung, die reale Stellung der Planeten zueinander zu erkennen. Mit anderen Worten: Ich suche ihnen in den Begriffen, die ich mir von ihnen mache, dieselben Relationen zu geben, in denen sie am Himmel zueinander stehen. Für solche Untersuchungen scheint es also immer in der Natur der Dinge eine objektive, wenngleich oft unbekannte Norm zu geben, und Wahrheit und Falschheit variieren nicht mit den verschiedenen Auffassungen verschiedener Menschen. Selbst wenn alle Menschen ausnahmslos zu dem Schluß kämen, daß sich die Sonne bewegt und die Erde in Ruhe verharrt, weicht die Sonne, allen Räsonnements zum Trotz, nicht einen Zoll aus ihrer Position, und alle das Gegenteil behauptenden Schlußfolgerungen sind Irrtümer und auf ewig falsch.

Aber mit Qualitäten wie *schön* und *mißgestaltet*, *wünschens-* und *hassenswert* verhält es sich ganz anders als mit Wahrheit und Falschheit. In ihrem Fall genügt es dem Geiste nicht, seine Gegenstände bloß daraufhin zu betrachten, wie sie an ihnen selbst beschaffen sind. Er empfindet als Folge seiner Betrachtung auch Freude oder Mißbehagen, Zustimmung oder Ablehnung. Und es ist dieses Gefühl, das ihn bestimmt, die Epitheta *schön*, *mißgestaltet*, *wünschenswert* oder *häßlich* den Gegenständen beizulegen. Nun liegt es aber auf der Hand, daß dieses Gefühl vom besonderen Gewebe oder der speziellen Struktur des Geistes abhängig ist, die ganz bestimmte Formen gerade so wirken lassen, daß sie eine Sympathie oder eine Übereinstimmung zwischen dem Geist und seinen Gegenständen produzieren. Verändert sich die Struktur des Geistes oder der inneren Organe, dann stellt sich das Gefühl nicht mehr ein, obwohl die Form des Gegenstandes dieselbe bleibt. Da das Gefühl etwas anderes ist als der Gegenstand, auf den es sich bezieht, und da es aus der Einwirkung des Gegenstandes auf die Organe des Geistes hervorgeht, muß eine Veränderung auf seiten des Geistes eine Veränderung des Effekts zur Folge haben, und dasselbe Objekt, wenn es auf eine völlig veränderte geistige Verfassung trifft, kann nicht dasselbe Gefühl hervorrufen.

Ohne viel Philosophie ist jeder bereit, diese Konsequenz in all den Fällen zu ziehen, in denen das Gefühl ganz deutlich von seinem Objekt zu unterscheiden ist. Wem wäre nicht klar, daß Macht, Ruhm oder Rache nicht an ihnen selbst erstrebenswert sind, sondern ihren ganzen Wert daher beziehen, daß eine entsprechende Leidenschaft im Menschen vorhanden ist, die das Verlangen danach rege macht. Was aber moralische oder natürliche Schönheit anlangt, wird allgemein angenommen, daß sich die Sache anders verhalte. Man denkt, daß die positive Qualität dem Objekt selber zukomme und nicht zum Gefühl gehöre; und man glaubt das allein deshalb, weil das Gefühl nicht so heftig und stürmisch ist, daß es sich klarerweise von der Wahrnehmung des Gegenstandes unterscheidet.

Aber eine kleine Überlegung genügt, um beide auseinanderzuhalten. Jemand kann alle Kreise und Ellipsen des KOPERNIKANISCHEN Systems und all die irregulären Spiralen des PTOLEMÄISCHEN Systems kennen, ohne wahrzunehmen, daß das erste schöner ist als das zweite. EUKLID hat die Eigenschaften des Kreises vollständig dargelegt und erklärt, ohne in einer einzigen Proposition ein einziges Wort über seine Schönheit zu verlieren. Der Grund ist offensichtlich: Schönheit ist keine Eigenschaft des Kreises. Sie liegt in keinem Teil der Linie, deren Teile von einem gemeinsamen Mittelpunkt alle gleich weit entfernt sind. Schönheit ist nur die Wirkung, welche die geometrische Figur in einem Geiste auslöst, dessen besondere Struktur und Beschaffenheit ihn für eine solche Empfindung disponieren. Vergeblich würdet Ihr sie im Kreise oder vermittels Eurer Sinne oder durch mathematische Überlegung in den Eigenschaften dieser Figur suchen.[7]

Ein Mathematiker, der bei der Lektüre des VERGIL kein anderes Vergnügen hatte, als die Reise des AENEAS auf der Karte zu verfolgen, mag wohl jedes lateinische Wort vollkommen verstehen, das der göttliche Autor gebrauchte, und folglich ein deutliches Verständnis der ganzen Erzählung haben.[8] Er würde sogar ein deutlicheres Verständnis besitzen als die, welche die Geographie dieser poetischen Erzählung nicht so genau studiert haben. Er kennt also alle Details der Dichtung; nur ihre Schönheit kennt er nicht. Denn die Schönheit liegt, genau genommen, nicht im Gedicht, sondern in der Empfindung oder dem Geschmack des Lesers. Und wo jemandem die geistige Sensibilität abgeht, die ihm diese Empfindung zuteil werden läßt, kann er von der Schönheit nichts wissen, und besäße er auch Wissen und Verstandeskraft eines Engels.*

Aus all dem folgt, daß wir nicht aus dem Wert oder der Bedeutung eines Gegenstandes, den irgend jemand erstrebt, ableiten können, welches Vergnügen

* Wenn ich nicht fürchtete, gar zu philosophisch auszusehen, würde ich meine Leser an den berühmten Lehrsatz erinnern, der heute als sicher erwiesen gilt, »daß Geschmäcke und Farben und alle anderen sinnlichen Qualitäten nicht in den Körpern, sondern bloß in den Sinnen liegen«.[9] Mit Schönheit und Mißgestalt sowie mit Tugend und Laster verhält es sich ganz genauso. Diese Lehre aber nimmt den letzteren Qualitäten so wenig ihre Realität wie den ersteren, noch müssen sich Kunstrichter oder Moralisten an ihr stören. Wenn man bei Farben einräumt, daß sie nur im Auge des Betrachters liegen, sollten darum

er ihm bereiten wird, sondern allein aus dem Eifer, mit dem er hinter der Sache her ist, und aus dem Maß seines Erfolges. Gegenstände sind an sich überhaupt nicht wert- oder bedeutungsvoll. Sie beziehen ihren Wert allein aus einer Leidenschaft für sie. Wenn diese stark, beständig und erfolgreich ist, so ist der Mensch glücklich. Es kann keinem vernünftigen Zweifel unterliegen, daß einem jungen Mädchen, wenn es in einem neuen Kleid zum Tanzstundenball geht, ein ebenso großes Vergnügen zuteil wird wie dem größten Redner, wenn er darin triumphiert, im Glanz seiner Eloquenz die Gefühle und den Willen einer zahlreichen Zuhörerschaft zu beherrschen.

Der ganze Unterschied also im Leben zweier Menschen betrifft entweder ihre *Leidenschaften* oder deren *Erfüllung*. Unterschiede in diesen beiden Hinsichten genügen, um die weit auseinanderliegenden Extreme von Glück und Elend hervorzubringen.

Um glücklich zu sein, darf die *Leidenschaft* weder zu heftig noch zu schwach sein. Im ersten Fall befindet sich die Seele beständig in einer aufgeregten Umtriebigkeit; im zweiten Fall versinkt sie in eine lähmende Lethargie, die ein Unlustzustand ist.

Um glücklich zu sein, muß die *Leidenschaft* wohlwollend und sozial, sie darf nicht roh und ungebärdig sein. Gefühle der zweiten Art sind bei weitem nicht so angenehm wie Empfindungen der ersten Art. Wer

---

Färber und Maler weniger geschätzt und geachtet werden? Was Sinne und Gefühl angeht, herrscht unter Menschen eine hinreichend große Gleichförmigkeit, um alle diese Eigenschaften zum Gegenstand der Kunst und des Räsonnements zu machen und ihnen den größten Einfluß auf das Leben und die Sitten zu verleihen. Und so sicher, wie es ist, daß die eben erwähnte naturwissenschaftliche Entdeckung an unserem Tun und Lassen nichts verändert hat – warum sollte eine gleiche Entdeckung auf dem Felde der Moraltheorie und der Ästhetik irgend etwas ändern?

wollte Gehässigkeit und Feinseligkeit, Neid und Rachsucht, Freundschaft, Wohlwollen, Milde und Dankbarkeit vergleichen?

Um glücklich zu sein, muß die Gemütsstimmung fröhlich und heiter, sie darf nicht düster und melancholisch sein. Zuversicht und Fröhlichkeit sind wirkliche Reichtümer; die Neigung zu Ängstlichkeit und Sorge ist wahrhaft Armut.

Einige Leidenschaften sind, wenn sie *Erfüllung* im Objekt ihres Strebens finden, weniger beständig und konstant als andere und gewähren auch nicht so dauerhaft Freude und Befriedigung. *Philosophische Gottesverehrung* zum Beispiel ist (wie der Enthusiasmus eines Poeten) die vorübergehende Wirkung einer Hochstimmung, völliger Muße, eines feinsinnigen Geistes und einer Übung in kontemplativen Betrachtungen. Doch ungeachtet aller dieser günstigen Umstände, kann ein abstrakter, unsichtbarer Gegenstand allein (wie ihn uns die *Natürliche Religion* vorstellt) den Geist nicht lange beschäftigen oder gar eine unser Leben bestimmende Kraft haben. Um religiösen Gefühlen Dauer zu verleihen, müssen wir Mittel finden, um die Sinne und die Phantasie anzusprechen; wir müssen daher neben *philosophischem* Wissen auch *historische* Berichte über die Gottheit in uns aufnehmen. Bekanntlich nützen selbst volkstümlicher Aberglaube und Riten diesem Zweck.

Ungeachtet der Tatsache, daß es erhebliche Temperamentsunterschiede unter den Menschen gibt, können wir doch ohne Risiko die folgende allgemeine Behauptung aufstellen, daß nämlich ein bloß dem Lustgewinn gewidmetes Leben sich nicht solange durchhalten läßt wie ein Leben der Arbeitsamkeit, sondern daß es bald der Übersättigung und dem Ekel anheimfallen muß. Alle Vergnügen, die sich am wenigsten abnutzen, stellen sich als eine Mischung aus Tätigkeit und gespannter Aufmerksamkeit dar wie bei Wettspielen und bei der Jagd. Überhaupt gilt, daß Tätigsein und Geschäftigkeit alle gähnenden Leerheiten im menschlichen Leben ausfüllen.

Häufig ist es jedoch so, daß zwar das Gemüt richtig gestimmt ist, daß es aber keine *Erfüllung* findet, weil es an geeigneten Gegenständen mangelt. Unter diesem Gesichtspunkt tragen Leidenschaften, die ihre Erfüllung in äußeren Gegenständen finden, weniger zum Glücklichsein bei als solche, die ihre Erfüllung in uns selbst finden. Denn weder können wir ganz sicher damit rechnen, äußere Güter zu erlangen, noch dessen ganz sicher sein, uns ihres Besitzes dauerhaft zu erfreuen. Das Streben nach Gelehrsamkeit ist daher unter dem Gesichtspunkt des Glücks besser als das Streben nach Reichtümern.

Manche Leute besitzen eine solche Unerschütterlichkeit des Gemüts, daß ihnen eine Enttäuschung ihres Strebens nach *äußeren* Gütern wenig anhaben kann und daß sie sich mit der größten Heiterkeit und mit erneuertem Fleiß derselben Sache widmen. Nichts befördert das Glücklichsein mehr als eine solche Wesensart.

Gemäß dieser kurzen und unvollkommenen Skizze des menschlichen Lebens ist eine Disposition zur *Tugend* die glücklichste Gemütsverfassung, mit anderen Worten eine Geisteshaltung, die zum Handeln und Tätigsein führt, die für soziale Gefühle empfänglich macht, die das Herz gegen Schicksalsschläge feit, die die Leidenschaften auf das rechte Maß reduziert, die uns Unterhaltung an unseren eigenen Gedanken finden läßt und die uns die Freuden der Gesellschaft und der Konversation der Sinnenlust vorziehen läßt. So viel muß inzwischen auch dem oberflächlichsten

Betrachter klar sein, daß nicht alle Gemütsverfassungen dem Glück gleichermaßen günstig sind und daß es Wesensarten und Temperamente gibt, die uns höchst erwünscht, und andere, die uns ebenso unerwünscht sind. Tatsächlich hängen alle Unterschiede zwischen verschiedenen Lebensverhältnissen von unserer geistigen Verfassung ab, und keine Lebenslage verdient an sich den Vorzug vor irgendeiner anderen. Was gut ist und was übel, ob im natürlichen oder im moralischen Sinne, hängt ganz allein von den Gefühlen und Neigungen der Menschen ab. Keiner würde je unglücklich sein, könnte er seine Gefühle manipulieren. PROTEUSgleich würde er allen Attacken des Schicksals durch eine beständige Veränderung seiner Gestalt und Verfassung ausweichen.

Diese Gabe hat uns die Natur jedoch fast gänzlich vorenthalten. Verfassung und Beschaffenheit unseres Gemüts können wir ebensowenig nach Belieben wählen wie Konstitution und Bau unseres Körpers. Die Mehrzahl der Menschen hat noch nicht einmal eine Ahnung davon, daß irgendeine Veränderung in dieser Hinsicht je wünschenswert sein könnte. So wie ein Wasserstrom notwendigerweise den verschiedenen Neigungen des Geländes folgt, das er durchfließt, so wird der unwissende und gedankenlose Teil der Menschen von seinen natürlichen Neigungen bewegt. Solche Menschen können also wirklich keinen Anspruch auf Philosophie machen oder auf Teilhabe an der *Medizin für die Seele*, die zu bieten die Philosophie sich so gewaltig rühmt. Aber auch auf den Weisen und Nachdenkenden hat die Natur einen mächtigen Einfluß. Und es liegt keineswegs immer in der Macht eines Menschen, durch künstliche Maßnahmen und äußerste Anstrengung sein Temperament zu verändern und jenen Charakter der Tugend zu erlangen, den er gern haben möchte. Die Macht der Philosophie erstreckt sich auf wenige, und selbst bei diesen wenigen ist ihre Macht gering und sehr beschränkt. Wohl mag den Menschen der Wert der Tugend bewußt sein; auch mögen sie wünschen, sie zu besitzen. Aber es ist keineswegs immer ausgemacht, daß ihre Wünsche sich auch erfüllen werden.

Jeder vorurteilslose Betrachter menschlichen Handelns wird feststellen, daß die Menschen fast vollständig durch Wesensart und Temperament geleitet werden und daß allgemeine Maximen nur geringen Einfluß haben, wenn sie nicht unseren Geschmack oder unser Gefühl ansprechen. Wenn jemand moderate Leidenschaften und einen wachen Sinn für Ehre und Tugend hat, wird sein Verhalten stets den Regeln der Moral entsprechen, oder er wird, sollte er von ihnen abweichen, ohne Mühe und schnell zu ihnen zurückkehren. Wenn aber auf der anderen Seite jemand von Natur aus ein so pervertiertes Gemüt besitzt und von solcher Fühllosigkeit und Unempfindlichkeit ist, daß er an Tugend und Menschlichkeit keinen Geschmack hat, daß er keine Zuneigung zu seinen Mitgeschöpfen empfindet und daß er keinen Wunsch verspürt, Achtung und Beifall anderer zu finden, dann muß er als ein unheilbar Kranker gelten, der auch in der Philosophie kein Heilmittel antrifft. Er findet keine Befriedigung außer in der Sphäre niedriger Sinnlichkeit oder in der Hingabe an boshafte Triebe. Er empfindet keine Reue, die ihn bewegen könnte, seine lasterhaften Neigungen zu kontrollieren. Er hat nicht einmal das Gefühl und die Sensibilität, die die Voraussetzung sind, um in ihm den Wunsch nach einer Besserung seines Charakters entstehen zu lassen. Ich für mein Teil weiß nicht, wie ich mich ihm verständlich machen oder durch welches Argument ich versuchen könnte, ihn zu ändern. Würde ich ihm von der inneren Zufriedenheit reden, die aus lobenswertem und humanem Handeln hervorgeht, von der stillen Freude an selbstloser Liebe und Freundschaft, vom dauerhaften Wohlgefallen an einem guten Namen und an Charakterfestigkeit, so könnte er mir doch entgegnen, daß alles dies für die vielleicht eine Freude sein mag, die für solche Freuden empfänglich sind, daß er seinerseits aber in sich eine ganz andere Disposition und Wesensart vorfinde. Ich muß es wiederholen: Meine Philosophie liefert kein Heilmittel in einem solchen Fall, und weiter könnte ich nichts tun, als die unglückliche Verfassung dieses Menschen zu beklagen. Freilich möchte ich auch die Frage aufwerfen, ob denn irgendeine andere Philosophie ein Heilmittel weiß oder ob es durch irgendein Denksystem möglich wäre, alle Menschen in tugendhafte Wesen zu verwandeln, wie pervers ihr Gemüt von Natur aus auch immer sein mag. Erfahrung wird uns alsbald vom Gegenteil überzeugen. Und ich wage die Behauptung, daß vielleicht der größte Nutzen der Philosophie in ihrer indirekten Wirkung besteht und mehr aus einem geheimen, unsichtbaren Einfluß der Beschäftigung mit ihr als aus einer unmittelbaren Anwendung ihrer Resultate hervorgeht.

Es steht fest, daß eine ernsthafte Beschäftigung mit den Wissenschaften und den freien Künsten das Temperament sanfter macht und humanisiert und daß sie jene edlen Gefühle fördert, in denen wahre Tugend und Ehrenhaftigkeit bestehen. Es kommt selten, ja wirklich selten vor, daß ein Mann von Geschmack und Bildung nicht wenigstens ein Ehrenmann ist, welche Schwächen er sonst auch haben mag. Sein Hang zur Beschäftigung mit Gegenständen der Spekulation muß Selbstsucht und Ehrgeiz dämpfen und gleichzeitig sein Gefühl für Anstand und Pflicht im Leben steigern. Er sieht klarer, was verschiedene Charaktere und Lebensweisen moralisch unterscheidet. Und sein moralischer Sinn wird durch seine theoretischen Betrachtungen nicht geschwächt, sondern geschärft.

Neben solchen unvermerkt eintretenden Veränderungen der Gemütsverfassung können andere sehr wahrscheinlich durch bewußt darauf gerichtete Bemühungen erreicht werden. Der mächtige Einfluß, den die Erziehung hat, kann uns ein Beleg dafür sein, daß der Geist des Menschen nicht völlig starr und unflexibel ist, sondern vielerlei Änderungen der ursprünglichen Gemütsverfassung erlaubt. Laßt einen Menschen sich eine Person, die er schätzt, zum Vorbild nehmen, laßt ihn wohl vertraut sein mit allen Zügen, in denen sein Charakter von dem seines Vorbildes abweicht, laßt ihn sodann unablässig ein kritisches Auge auf sich haben und sich ununterbrochen mit angestrengter Konzentration vom Laster ab- und der Tugend zuwenden, so zweifle ich nicht, daß er nach einiger Zeit eine Änderung zum Besseren in sich feststellen wird.

Gewohnheit ist ein anderes machtvolles Instrument, um die Seele zu verändern und ihr Neigungen zum Guten einzupflanzen. Wer unausgesetzt einen Kurs der Mäßigung und der Nüchternheit steuert, wird Aufruhr und Unordnung verabscheuen. Wenn er es sich zur Gewohnheit macht, in Geschäften fleißig zu sein oder sich den Studien zu widmen, wird Untätigkeit eine Strafe für ihn sein. Wenn er sich dazu anhält, wohltätig und leutselig zu sein, wird er alsbald alle Beispiele von Stolz und Gewalttätigkeit verachten. Wo einer nur zutiefst davon überzeugt ist, daß der Lebensweg der Tugend der richtige ist, und wenn er nur genug Willensstärke hat, sich selbst eine Zeitlang zu zwingen – an dessen Besserung braucht man nicht zu verzweifeln. Das Unglück ist nur dies, daß eine solche Überzeugung und Entschlossenheit nicht Platz greifen, es sei denn, der Betreffende sei ohnedies schon ein einigermaßen tugendhafter Mensch.

Das also ist der Haupttriumph von Kunst und Philosophie: Sie erlaubt uns eine unmerkliche Charakterverbesserung und läßt uns die Wesenszüge erkennen, die wir uns durch unausgesetzte *Konzentration* und *Übung* zu erwerben suchen sollen. Darüber hinaus kann ich der Philosophie keinen großen Einfluß zuerkennen. Statt dessen muß ich bezweifeln, daß es mit all den Ermahnungen und Tröstungen weit her ist, die sich unter spekulativen Köpfen so großer Beliebtheit erfreuen.

Wir haben bereits gesehen, daß kein Gegenstand an sich selbst wünschens- oder hassenswert, wertvoll oder verächtlich ist, sondern daß ihm diese Qualitäten aufgrund des besonderen Charakters und der geistigen Verfassung dessen zuwachsen, der ihn betrachtet. Um also den Wert, den jemand einem Gegenstande beilegt, zu verringern oder zu vergrößern, das heißt: um die Gefühle gegenüber diesem Gegenstand zu verstärken oder abzuschwächen, stehen uns keine direkt darauf zielenden Argumente oder Gründe zur Verfügung, die irgend Kraft oder Einfluß besäßen. Wem (wie DOMITIAN) Fliegen fangen mehr Spaß macht, der wird diese Tätigkeit der Jagd auf wilde Tiere (wie WILLIAM RUFUS sie liebte) oder der Eroberung ganzer Königreiche (was ALEXANDERS Lieblingsbeschäftigung war) vorziehen.[10]

Aber obwohl sich der Wert eines Gegenstandes allein aus der Einstellung, aus der Zu- oder Abneigung des jeweiligen Individuums bestimmt, ist es doch so, daß eine bewertende Stellungnahme nicht den Gegenstand, wie er an sich selbst beschaffen ist, isoliert betrachtet, sondern auch alle Begleitumstände in die Betrachtung einbezieht. Jemand, dessen Herz vor Freude über den Besitz eines Diamanten hüpft, hat nicht nur das Glitzern des Steins im Auge, sondern auch seine Seltenheit; und vor allem das ist die Ursache seiner Freude und Begeisterung. Hier ist nun die Stelle, an der der Philosoph einhaken kann, indem er auf bestimmte Aspekte hinweist, Überlegungen anstellt und Umstände zu bedenken gibt, die uns anderenfalls entgangen wären. Und durch dieses Mittel vermag er eine bestimmte Einstellung hervorzurufen oder eine Passion zu dämpfen.

Es mag unplausibel scheinen, der Philosophie in dieser Hinsicht Macht und Einfluß schlechthin abzusprechen. Aber man kann nicht übersehen, daß sie die folgende, sehr wahrscheinliche Vermutung gegen sich hat, daß nämlich die Gesichtspunkte, die sie geltend macht, soweit sie durch die Natur der Sache gegeben sind und auf der Hand liegen, sich von selbst und ohne Beihilfe der Philosophie aufgedrängt haben würden und daß sie, ergeben sie sich nicht aus der Natur der Sache von selbst, schwerlich den geringsten Einfluß auf unsere Vorlieben und Abneigungen haben können. *Diese* nämlich sind von sehr heikler Natur und lassen sich auch durch noch so schlaue Kniffe oder fleißige Bemühungen nicht zwingen oder einschränken. Eine Überlegung, nach der wir eigens suchen müssen, die sich uns nur mit Mühe erschließt und die wir nicht ohne besondere Aufmerksamkeit im Kopf behalten können, wird niemals echte und beständige Gefühlsregungen erzeugen, wie sie aus der naturgegebenen Anlage unseres Gemüts hervorgehen. Ein Mann mag ebensogut sein Liebesleid heilen wollen, indem er seine Angebetete durch das *künstliche* Medium eines Mikroskops oder durch ein Fernglas betrachtet und dabei sieht, welch grobe Haut sie hat oder von welch monströser Disproportion ihre Gesichtszüge sind, wie er hoffen kann, seine Leidenschaft durch die *künstlichen* Argumente eines SENECA oder eines EPIKTET zu erregen oder zu mäßigen.[11] In beiden Fällen wird sich die Erinnerung an den natürlichen Anblick und die natürliche Situation des Gegenstandes wieder durchsetzen. Philosophische Reflexionen sind zu subtil und führen zu weit ab, um im alltäglichen Leben eine Rolle zu spielen oder gar eine Neigung mit Stumpf und Stiel auszureißen. Über den Wolken und Winden der Atmosphäre ist die Luft zu dünn zum Atmen.

Ein anderer Mangel solch raffinierter Reflexionen, die die Philosophie uns anempfiehlt, besteht darin, daß sie gewöhnlich unsere schlechten Neigungen nicht vermindern oder auslöschen können, ohne zugleich auch tugendhafte Gefühle zu schwächen oder ganz aufzuheben und uns völlig indifferent und untätig werden zu lassen. Denn solche Reflexionen sind meistenteils allgemeiner Natur und betreffen daher unterschiedslos alle unsere Affekte. Unsere Hoffnung dagegen, wir könnten ihren Einfluß nur in eine bestimmte Richtung lenken, ist verfehlt. Wenn wir es durch fleißiges Studium und unausgesetztes Meditieren dahin gebracht haben, philosophische Reflexionen zu verinnerlichen und in uns zu andauernder geistiger Präsenz zu bringen, dann wirken sie durchgängig und verbreiten in der Seele eine allgemeine Unempfindlichkeit. Wenn wir die entsprechenden Nerven des Körpers zerstören, löschen wir die Empfänglichkeit für Lustgefühle, zugleich aber auch für Schmerzen aus.

Ein Blick genügt, um an den philosophischen Maximen, die in alter wie in neuer Zeit so hoch gepriesen werden, den einen oder den anderen der bezeichneten Fehler zu entdecken. *Laßt Euch durch Ungerechtigkeit oder Gewalttätigkeit der Menschen nicht aus der Fassung bringen und zu Ärger und Haß verleiten. Würdet Ihr denn seiner Bosheit wegen dem Affen und seiner Wildheit wegen dem Tiger gegenüber Zorn empfinden? – heißt es bei den Philosophen.* *Sich diese Betrachtung zu eigen zu machen, würde heißen, schlecht von der menschlichen Natur zu denken, und müßte die sozialen Empfindungen abtöten. Sie führte ferner dazu, Reue über eigene Verbrechen zu unterdrücken angesichts dessen, daß das Laster den Menschen so natürlich ist wie den Tieren bestimmte Instinkte.

Alles Übel, das Euch zustößt, geht aus der absolut vollkommenen Ordnung des Universums hervor. Wollt Ihr die göttliche Ordnung um Eures partikularen Selbstinteresses willen stören? Was aber, wenn die Übel, die ich erleide, einer boshaften Tyrannei entspringen? *Aber die Missetaten und die Unvollkommenheiten der Menschen gehören genauso zur Ordnung des Universums:*

> *Wenn Beben nicht, noch Plagen Himmelsplänen widersprechen,*
> *Wie sollte sie ein BORGIA, ein CATILINA durchbrechen?*[12]

Wird dieses eingeräumt, dann sind auch meine Laster ein Teil derselben Ordnung.

Dem Mann, der sagte, daß keiner glücklich sei, der nicht über die Meinung anderer erhaben ist, antwor-

---

* PLUT. *de ira cohibenda* [»Über die Beherrschung des Zorns«, Abhandlung in den *Moralia* des Plutarch].[13]

tete ein SPARTANER: *Nun, dann ist niemand glücklich außer Schurken und Räubern.**

Der Mensch ist zum Elend geboren. Und da überrascht es ihn, wenn ihm Mißgeschicke widerfahren? Kann er wegen eines Mißgeschicks in Weh und Ach ausbrechen? – Allerdings kann er! Denn er hat allen Grund, sich darüber zu beklagen, daß er zum Elend sollte geboren sein. Ihr wollt den Menschen trösten, indem Ihr ihm hundert Übel für das eine präsentiert, von dem Ihr ihn befreien wollt.

Ihr solltet jederzeit auf den Tod, auf Krankheit, Armut, Blindheit, Exil, Verleumdung und Niedertracht gefaßt sein, denn das sind Übel, die mit der menschlichen Natur verbunden sind. Ist irgendeines dieser Übel Euer Los, so werdet Ihr es besser ertragen können, wenn Ihr damit gerechnet habt. – Darauf antworte ich: Wenn wir uns darauf beschränken, bloß im allgemeinen und von ferne über die Übel zu reflektieren, die zum Leben der Menschen gehören, dann kann *diese* Reflexion kein bißchen nützen, um uns gegen Übel zu wappnen. Wenn wir andererseits nähertreten und uns durch intensive Betrachtung das Elend des menschlichen Lebens in allen Einzelheiten vor Augen stellen, dann ist genau *das* das sicherste Mittel, um uns jede Lust zu vergällen und um uns für immer unglücklich zu machen.

Eure Klagen sind fruchtlos und werden den Lauf des Schicksals nicht ändern. – Sehr wahr! Und gerade das ist es, was ich beklage.

Mit dem folgenden, einigermaßen kuriosen Argument möchte CICERO über Taubheit hinwegtrösten: *Wie viele Sprachen*, sagt er, *gibt es, die Du nicht ver-*

---

* PLUT. *Lacon. Apophtheg.* [*Apophthegmata Laconica* (»Aussprüche der Spartaner«) in Plutarch, *Moralia* 217, Nr. 4].

*stehst? PUNISCH, SPANISCH, GALLISCH, ÄGYPTISCH etc. Was diese Sprachen anlangt, bist Du so gut wie taub; aber das kümmert Dich überhaupt nicht. Ist es denn so ein großes Unglück, gegenüber noch einer weiteren Sprache taub zu sein.**

Da gefällt mir schon besser, was der schlagfertige ANTIPATER von KYRENE einigen Frauen zur Antwort gab, die ihn wegen seiner Blindheit bemitleideten: *Wie? Glaubt Ihr wohl, daß es im Dunkeln keine Lustbarkeiten gibt?*

Nichts, sagt FONTENELLE, *zerstört Ehrgeiz und Eroberungslust mehr als das wahre System der Astronomie. Was für ein armseliges Ding ist denn schon der ganze Globus im Vergleich zur Unendlichkeit der Welt?* – Diese Überlegung ist offensichtlich viel zu weit hergeholt, als daß sie den mindesten Effekt haben kann. Und wenn sie Wirkung hätte, würde sie dann nicht zugleich mit dem Ehrgeiz die Vaterlandsliebe zerstören? Derselbe Autor fügt (mit einigem Recht) galant hinzu, daß die strahlenden Augen der Damen die einzigen Gegenstände sind, die auch unter dem Gesichtspunkt weltenumspannender Astronomie nichts von ihrem Glanz und ihrem Wert verlieren und von jeder astronomischen Theorie völlig unberührt bleiben. Wollten die Philosophen uns also lehren, unsere Liebe allein auf die Augen der Damen zu konzentrieren?[14]

Exil, sagt PLUTARCH** zu seinem Freund in der Verbannung, *ist kein Übel: Die Mathematiker lehren uns, daß die ganze Erde nichts als ein Punkt ist im Vergleich zum Himmel. Von einem Land in ein anderes zu wechseln, bedeutet dann wenig mehr als von einer Straße in die nächste zu ziehen. Der Mensch ist keine*

---

* *Tusc. Quest.* lib. V [Cicero, *Tusculanae Disputationes* V, 116].[15]

** *De exilio* [Plutarch, »Über das Exil«; vgl. *Moralia* 601].

Pflanze, die an einem Flecken Erde verwurzelt ist. Er gedeiht auf allen Böden und in allen Klimaten. – Das sind doch herrliche Argumente, wenn sie nur Verbannten allein in die Hände fallen. Wie aber, wenn sie auch Leuten zu Ohren kommen, die in öffentlichen Angelegenheiten tätig sind, und wenn sie deren Bindungen an ihr Heimatland zerstören? Oder wirken sie wie ein Quacksalberheilmittel, das sowohl gegen die Zuckerkrankheit wie auch gegen die Wassersucht gut ist?

Eines ist gewiß: Würde ein höheres Wesen in Menschengestalt auftreten, so würde ihm das Ganze unseres Lebens so niedrig, so verachtenswert und kindisch vorkommen, daß es nie und nimmer dazu gebracht werden könnte, irgend woran Anteil zu nehmen; es würde daher auf die Vorgänge um uns herum kaum achten. Ein solches Wesen zu der Herablassung zu bewegen, mit Eifer und Bereitwilligkeit sogar die Rolle eines PHILIPP zu spielen, würde weit schwieriger sein, als denselben PHILIPP, nachdem er fünfzig Jahre König und ein großer Eroberer war, dazu zu bringen, mit Sorgfalt und Achtsamkeit alte Schuhe zu flicken, welche Beschäftigung ihm von LUKIAN in der Unterwelt zugewiesen wurde.[16] Genau dieselben Argumente nun, die das gedachte Wesen zur Verachtung aller menschlichen Dinge bewegen könnten, kennt auch der Philosoph. Allein, da sie zur Fassungskraft des Menschen in einem gewissen Mißverhältnis stehen und nicht durch die Erfahrung von einem besseren Zustand bekräftigt sind, machen sie auf ihn keinen starken Eindruck. Er sieht sie wohl, aber er fühlt ihre Wahrheit nicht genug. Und er ist stets dann ein erhabener Philosoph, wenn er's nicht nötig hat, einer zu sein, das heißt: solange ihn nichts stört oder seine Affekte erregt. Wenn andere am Spieltisch sitzen, sind ihm ihr Eifer und ihre Hitzigkeit völlig unverständlich. Kaum aber setzt er selber was aufs Spiel, bewegen ihn gewöhnlich genau dieselben Gefühle, die er als bloßer Betrachter so verachtete.

Es finden sich in der philosophischen Literatur vor allem zwei Betrachtungen, von denen eine gewisse Wirksamkeit zu erwarten ist, und zwar deshalb, weil sie sich auf das tägliche Leben beziehen und schon dem oberflächlichsten Blick auf menschliche Angelegenheiten auffallen: Bedenken wir die Kürze und Ungewißheit des Lebens – wie nichtig erscheint uns da nicht alle Jagd nach dem Glück. Aber auch, wenn wir mehr als bloß unser eigenes Leben in den Blick nehmen – wie lächerlich nehmen sich doch unsere weitgreifenden und wohltätigen Pläne aus angesichts des unaufhörlichen Wandels und der Umwälzungen der menschlichen Dinge, angesichts des reißenden Stroms der Zeit, der Gesetze und Wissen, Bücher und Regierungen verschlingt und im unermeßlichen Ozean der Materie untergehen läßt: Eine solche Reflexion ist gewiß dazu angetan, alle unsere Leidenschaften zu schwächen. Aber wird sie nicht gerade dadurch dem Kunstgriff der Natur entgegenwirken, die uns doch glücklicherweise der Täuschung hat erliegen lassen, daß unser Leben etwas zählt? Und könnten sich nicht Verteidiger eines hemmungslosen Sinnengenusses derselben Überlegung bedienen, um uns vom Pfade tugendhaften Handelns ab- und auf die blühenden Wiesen des Nichtstuns und der Lust hinzulenken?

THUKYDIDES berichtet, daß sich während der Pest in Athen, als der Tod jedermann unmittelbar vor Augen stand, eine ausgelassene Heiterkeit und Fröhlichkeit im Volke breitmachte und daß die Menschen einander ermunterten, das Leben in vollen Zügen zu genießen, solange es noch währte. Dieselbe Beobachtung machte BOCCACCIO, als die Pest in FLORENZ wütete.[17] Auf ähnliche Ursachen ist es zurückzuführen, daß Soldaten im Kriege mehr als alle anderen Menschen der Ausschweifung und der Verschwendungssucht verfallen. Das unmittelbar gegenwärtige Vergnügen besitzt allemal Gewicht, und alles, was die Bedeutung anderer Dinge herabsetzt, muß den Wert des vor Augen stehenden Vergnügens erhöhen und seinen bestimmenden Einfluß noch verstärken.

Die *zweite* philosophische Reflexion, die oft einen Einfluß auf unsere Gefühle haben mag, ergibt sich, wenn wir unsere eigenen Lebensverhältnisse mit denen anderer vergleichen. Solche Vergleiche stellen wir im täglichen Leben ständig an. Unglücklicherweise neigen wir aber dazu, uns eher mit Leuten zu vergleichen, die besser gestellt sind als wir, als mit solchen, die unter uns stehen. Der Philosoph nun korrigiert diesen naturgegebenen Fehler. Er wendet seinen Blick in die andere Richtung, um sich den Platz, an den das Schicksal ihn gestellt hat, erträglich zu machen. Es wird wenige geben, die aus einer solchen Betrachtung nicht einigen Trost zu ziehen vermöchten, obwohl die Betrachtung menschlichen Elends dem wirklich Gutherzigen eher Kummer als Befriedigung bereiten und der Unzufriedenheit mit seiner eigenen mißlichen Lage noch ein tiefes Mitleid mit dem Elend anderer beimengen würde. So unvollkommen also sind selbst die besten Trostargumente der Philosophie.*

* Vielleicht übertreibt der Skeptiker, wenn er alle philosophischen Trostargumente und Reflexionen auf die genannten zwei reduziert. Es scheint da doch noch andere zu geben, deren Wahrheit unbezweifelbar ist und die ganz natürlicherweise die Kraft haben, uns ruhig zu stimmen und alle heftigen Gemütsbewegungen zu

Ich will die Behandlung dieses Gegenstandes mit der Beobachtung abschließen, daß Tugend, wenn man sie erlangen kann, zwar unzweifelhaft die beste Wahl ist, daß aber in menschlichen Dingen ein solches Durcheinander und eine solche Konfusion herrschen,

---

besänftigen. Begierig greift die Philosophie sie auf, prüft sie, gewichtet sie, bewahrt sie im Gedächtnis und macht uns mit ihnen vertraut. Ihr Einfluß auf sanfte, nachdenkliche und maßvolle Gemüter kann erheblich sein. Worin besteht aber ihr Einfluß, wird man fragen, wenn die Gemüter, auf die sie wirken, doch ohnedies schon die Verfassung haben, die philosophische Reflexionen angeblich hervorbringen? Nun, zum mindesten können sie das nachdenkliche Gemüt stärken und ihm Gesichtspunkte liefern, an denen es Unterhaltung und Nahrung finden kann. Hier sind ein paar Beispiele für philosophische Reflexionen der genannten Art:

1. Steht es nicht fest, daß in allen Lebensumständen verborgene Übel stecken? Warum also irgend jemanden beneiden?

2. Alle Lebensverhältnisse haben außerdem ihre bekannten Schattenseiten; und insgesamt gibt es einen Ausgleich. Warum also nicht mit der gegebenen Situation zufrieden sein?

3. Gewohnheit stumpft uns ab gegenüber dem Guten sowohl wie gegenüber dem Übel und nivelliert alle Dinge.

4. Auf Gesundheit und gute Laune kommt alles an. Der Rest ist von geringer Bedeutung, außer er beeinträchtigt die genannten Zwei.

5. Wieviele gute Dinge habe ich sonst noch? Warum sollte ich mich also durch *ein* Übel verärgern lassen?

6. Wieviele Leute sind glücklich unter den Umständen, über die ich mich beklage? Wieviele Leute beneiden mich?

7. Für jedes Gut muß man bezahlen: für Vermögen mit Arbeit, für Vergünstigungen mit Schmeichelei. Wollte ich denn das Geld behalten und doch die Ware bekommen?

8. Erwarte vom Leben kein zu großes Glück. Die Natur des Menschen verstattet es nicht.

9. Setz Dir kein zu schwieriges Glück zum Ziel. Aber hängt das denn von mir ab? Ja; wenigstens was die erste Entscheidung anlangt, hast du die Wahl. Das Leben ist wie ein Spiel: Wir können uns das Spiel aussuchen, und nach und nach richten sich dann unsere Leidenschaften auf das richtige Ziel.

10. Nimm die künftigen Tröstungen, die die Zeit unfehlbar für alle Leiden bereithält, im Denken und Hoffen vorweg.

daß eine vollkommene und gleichmäßige Verteilung von Glück und Elend in diesem Leben nie zu erwarten ist. Nicht allein Glücksgüter und körperliche Vorzüge (beide sind wichtig), ich sage, nicht allein solche Vorteile sind unter Guten und Schlechten ungleich

---

11. Ich wünsche mir, reich zu sein. Warum? Damit ich viele schöne Dinge haben kann: Häuser, Garten, Equipagen etc. Wieviele schöne Dinge bietet die Natur aber jedem dar, ohne daß sie etwas kosten? Wenn mit Lust genossen, übergenug. Wenn aber nicht, so bedenke den Effekt, den Gewöhnung und wechselnde Stimmung haben: Schon bald werden sie uns die Freude an unseren Reichtümern rauben.

12. Ich wünsche mir, berühmt zu sein. – Bedenke dies: Verhalte ich mich richtig, werden alle Leute mich achten, mit denen ich bekannt bin. Was aber kümmert mich der ganze Rest?

Diese Überlegungen sind so naheliegend, daß man sich fragen muß, warum sie nicht in jedermanns Kopfe kommen. Sie sind so einleuchtend, daß man sich fragen muß, warum sie nicht jedermann überzeugen. Aber vielleicht kommen sie ja den meisten in den Sinn, und vielleicht überzeugen sie ja die meisten, wenn sie in gelassener Ruhe das menschliche Leben im allgemeinen überblikken und bedenken. Passiert aber wirklich etwas, das einen angeht, das die Leidenschaften entflammt und die Einbildungskraft erregt, reizen Beispiele zur Nachahmung und dringen Ratschläge auf einen ein, dann verliert sich der Philosoph im gewöhnlichen Menschen. Vergeblich sucht er nach der Überzeugung, die vordem so unerschütterlich festgestanden zu haben schien. Gibt es ein Mittel gegen die Mißlichkeit? Hilf Dir selbst durch häufige Lektüre unterhaltsamer Moralisten: Suche Zuflucht bei der Gelehrtheit PLUTARCHS, bei der Phantasie LUKIANS, bei der Beredsamkeit CICEROS, dem Geiste SENECAS, der Heiterkeit MONTAIGNES oder der Erhabenheit von SHAFTESBURY![18] Moralische Maximen, die in ihren Schriften verpackt sind, dringen tief ein und wappnen das Gemüt gegen die Vorspiegelungen der Leidenschaften. Vertrau aber nicht ganz und gar auf Hilfe von außen. Durch immer wiederholtes Studium erwirb Dir jene philosophische Haltung, die nicht allein den Gedanken Kraft verleiht, sondern auch die Seele beruhigt und die chaotischen Leidenschaften dämpft, indem sie Dir ein gut Teil Deines Glücks von selbst beschert. Verachte diese Hilfe nicht; aber baue auch nicht allzusehr auf sie, es sei denn, die Natur wäre Dir entgegengekommen und hätte Dich mit einer günstigen Gemütsverfassung ausgestattet.

verteilt, auch die Seele ist bis zu einem gewissen Grade dieser natürlichen Unordnung unterworfen, denn nicht immer erfreut sich jener Mensch, der seines Charakters wegen dessen wahrlich würdig wäre, der größten Glückseligkeit, und zwar weil seine Gefühle und Neigungen sind, wie sie nun eben einmal sind.

Wir wissen aus Erfahrung, daß jeder körperliche Schmerz zwar seine Ursache in einer Störung des betreffenden Organs oder Körperteils hat, daß aber die Stärke des Schmerzes nicht immer dem Grad der Störung entspricht, sondern größer oder geringer ist, entsprechend der Empfindlichkeit des Körperteils, auf das die schädlichen Säfte einwirken. *Zahnschmerzen* sind heftiger und konvulsischer als Schmerzen, die durch *Schwind-* oder *Wassersucht* verursacht werden. Etwas ähnliches läßt sich auch im Haushalt unserer Seele beobachten, nämlich daß Laster allemal wirklich schädlich sind, daß aber die daraus entstehende Beunruhigung oder der Schmerz von der Natur zum Grad des Lasters nicht ins genaue Verhältnis gesetzt worden sind. Ebenso gilt, daß der Tugendhafteste, selbst wenn man von allen äußeren Zufälligkeiten absieht, keineswegs immer der glücklichste Mensch ist. Eine Neigung zur Melancholie und zur Schwermut ist ganz sicher *für unser Gefühl* etwas Schlechtes und eine Unvollkommenheit. Da aber diese Neigung mit einem starken Ehrgefühl und großer Redlichkeit verbunden sein kann, kommt es vor, daß sie sich bei sehr guten Menschen findet – obgleich sie sie vollkommen elend macht, weil sie allein hinreicht, das Leben zu vergällen. Andererseits kommt es vor, daß ein selbstsüchtiger Schurke einen springlebendigen Geist und ein *fröhliches Herz* hat, was an sich ja gute Eigenschaften sind, die aber über Gebühr belohnt werden und die, wenn sich noch materielle

Glücksgüter hinzugesellen, das Unbehagen und die Gewissensbisse ausgleichen werden, die die Laster hervorrufen.

Ich füge noch die ebenfalls einschlägige Beobachtung an, daß jemand, der an einer Unvollkommenheit oder Schwäche leidet, durch eine gute Eigenschaft, die er zugleich auch besitzt, manchmal elender dran ist, als wenn er ganz und gar schlecht wäre. Jemand von labiler Gemütsverfassung, der sich leicht niederschlagen läßt, ist um so unglücklicher, wenn er außerdem noch zu Freundschaft und Großmut disponiert ist, so daß er am Wohlergehen anderer großen Anteil nimmt und selbst nur um so mehr den Schlägen des Schicksals ausgesetzt ist. Schamgefühl ist bei jemandem, der nicht frei von Fehlern ist, gewiß eine Stärke, aber es verursacht großes Unbehagen und Reuegefühle, die der perfekte Schurke überhaupt nicht kennt. Ein sehr zu Amouren geneigtes Wesen, aber ohne die Fähigkeit zu echter Freundschaft, ist glücklicher dran als jemand, bei dem sich übermäßige Liebe mit Hingabe paart: Seine Gefühle werden ihn vor Entzücken außer sich sein lassen und zum willenlosen Sklaven seiner Geliebten machen.

Mit einem Wort: Im menschlichen Leben regiert der Zufall mehr als die Vernunft; es ist wohl eher als langweiliger Zeitvertreib denn als ernsthafte Beschäftigung anzusehen; und es wird stärker durch Augenblickslaunen als durch allgemeine Prinzipien beeinflußt. Sollen wir uns für es mit Hingabe und Sorge engagieren? Solcher Anteilnahme ist es nicht wert. Sollen wir also dem, was geschieht, gleichgültig gegenüberstehen? Dann bringen uns unser Phlegma und unsere Teilnahmslosigkeit um alle Freuden bei dem Spiel. Und während wir noch über das Leben räsonieren, ist es schon vorbei. Und der Tod, wiewohl sie ihm *vielleicht* auf verschiedene Art entgegentreten, behandelt den Toren wie den Philosophen ganz gleich. Das Leben auf exakte Regeln zu reduzieren und nach strengen Methoden zu leben, ist gewöhnlich ein peinsames, oft fruchtloses Unterfangen. Beweist das nicht auch, daß wir den Preis überschätzen, um den wir hier streiten? Sogar so sorgfältig über das Leben zu räsonieren, um seinen genauen Begriff festzusetzen, würde heißen, es überzubewerten – wäre nicht eben diese Beschäftigung für manche Gemüter eine der vergnüglichsten, an die man sein Leben überhaupt wenden kann.

Über den Maßstab des Geschmacks

Die große Mannigfaltigkeit des Geschmacks wie auch der Meinungen, die in der Welt herrscht, ist allzu offensichtlich, um nicht jedermann aufgefallen zu sein. Selbst Leute von sehr geringer Bildung können feststellen, daß es im engen Umkreis ihrer Bekannten Geschmacksunterschiede gibt, auch wenn sie alle dieselbe Erziehung genossen und von früh an dieselben Vorurteile eingesogen haben. Jene aber, die ihren Gesichtskreis weiter ziehen und fremde Völker und ferne Zeiten mit in den Blick nehmen, finden es noch überraschender, wie groß die Unstimmigkeit und Gegensätzlichkeit ist. Wir neigen dazu, »barbarisch« zu heißen, was nur weit genug von unserem Geschmack und von unserer Auffassung abweicht – um freilich bald festzustellen, daß das herabsetzende Epitheton uns selbst zurückgegeben wird. Auch den arrogantesten Eigendünkel läßt es am Ende unsicher werden, wenn er dieselbe Selbstsicherheit auf allen Seiten feststellt, und er wird zögern, in einem solchen Meinungsstreit das eigene Gefühl zum gültigen Urteil zu erklären.

So fällt also die Mannigfaltigkeit des Geschmacks schon dem oberflächlichsten Beobachter ins Auge. Genauer betrachtet, stellt sich aber heraus, daß sie in Wahrheit noch größer ist, als es zunächst schien. Denn die Empfindungen der Menschen, wenn es um Schönheit oder Mißgestalt verschiedenster Art geht, unterscheiden sich voneinander oft auch dann, wenn sie in den allgemeinen Ausdrücken ihrer Rede übereinstimmen. In jeder Sprache gibt es bestimmte Wörter, die Tadel oder Lob bedeuten; und alle, die dieselbe Sprache sprechen, müssen in der Verwendung dieser Ausdrücke übereinstimmen. Alle Stimmen vereinigen sich zum Lob auf Eleganz, Geist, Schlichtheit und Sachlichkeit im Schreiben und in der Verurteilung von Schwulst, Affektiertheit, Fadheit und falscher Pracht. Aber wenn es zu den Einzelfällen kommt, verschwindet der Schein der Eintracht unter den Beurteilern, und es zeigt sich, daß sie mit ihren Wörtern ganz verschiedene Bedeutungen verbunden haben. Wenn es um Meinungsverschiedenheiten in wissenschaftlichen Fragen geht, verhält sich die Sache genau umgekehrt: Hier unterscheiden sich die Menschen häufiger in Hinsicht auf das allgemeine als in bezug auf einzelnes, und oft ist die Differenz in Wahrheit kleiner, als sie zu sein scheint. Gewöhnlich beendet eine Bedeutungserklärung der Termini die Kontroverse, und die Disputanten stellen überrascht fest, daß sie miteinander stritten, während sie im Grunde in ihrem Urteil übereinstimmten.

Theoretiker, die mehr im Gefühl als in der Vernunft die Grundlage der Moral erblicken, neigen zu der Auffassung, daß die zuvor erwähnte Beobachtung auch in der Ethik gelte und daß in allen Fragen der Moral und des Betragens die Ansichten der Menschen in Wirklichkeit noch weiter auseinandergehen, als es zunächst den Anschein hat. In der Tat ist ja nicht zu übersehen, daß Moralisten aller Zeiten und Völker im Lob auf Gerechtigkeit, Menschlichkeit, Großherzigkeit, Klugheit und Wahrhaftigkeit wie auch darin übereinstimmen, die entgegengesetzten Eigenschaften zu verurteilen. Selbst Dichter und andere Autoren, deren Werke hauptsächlich darauf berechnet sind, der Einbildungskraft zu gefallen, sieht man – von HOMER bis FENELON – dieselben Moralvorschriften einschärfen sowie Billigung und Mißbilligung denselben Tugenden und Lastern zu erteilen. Man schreibt solch eine umfassende Einmütigkeit gewöhnlich dem Einfluß klarer Vernunfteinsicht zu, die in allen diesen Fällen in allen Menschen dieselben Gefühle hervorbringe und dadurch jene Kontroversen verhindere, die in den abstrakten Wissenschaften so häufig vorkommen. Soweit diese Einmütigkeit wirklich besteht, mag das als eine befriedigende Erklärung durchgehen. Wir müssen aber auch hier mit der Möglichkeit rechnen, daß der Schein der Übereinstimmung in moralischen Fragen sich mindestens zum Teil aus der Natur der Sprache erklärt. Das Wort *Tugend* (wie seine Synonyma in allen anderen Sprachen) impliziert ein Lob, so wie das Wort *Laster* einen Tadel einschließt. Und niemand kann, ohne sich offensichtlich der gröbsten Sprachunrichtigkeit schuldig zu machen, mit einem Ausdruck einen Vorwurf verbinden, der allgemein in einem positiven Sinne verstanden wird, oder Billigung in eine Wendung legen, wo das Idiom Mißbilligung verlangt. Wenn HOMER allgemeine Moralvorschriften zum Ausdruck bringt, wird darüber niemals Streit sein; offensichtlich ist es aber so, daß HOMER, wenn er Einzelfälle schildert und Heldenmut in der Gestalt des ACHILL oder Klugheit in der Figur des ODYSSEUS darstellt, dem ersten ein viel größeres Maß an Grausamkeit und dem zweiten mehr List und Betrug beimengt, als FENELON gestatten würde. Der listige ODYSSEUS des griechischen Dichters scheint seinen Spaß an Lügen und erfundenen Geschichten zu haben, und oft gebraucht er sie ohne Not oder auch nur Vorteil; sein gewissenhafterer Sohn, dem wir bei dem FRANZÖSISCHEN Ependichter begegnen, setzte sich dagegen eher der äußersten Gefahr aus, als daß er auch nur einen Schritt vom Pfade der Wahrheit und der Wahrhaftigkeit abwiche.[19]

Die Bewunderer und Anhänger des KORAN berufen sich auf vortreffliche Moralvorschriften, die sich an vielen Stellen dieses rohen und absurden Werkes finden. Dabei ist aber anzunehmen, daß die arabischen Wörter, die den deutschen Wörtern für Billigkeit, Gerechtigkeit, Mäßigung, Sanftmut und Barmherzigkeit entsprechen, dem etablierten Sprachgebrauch gemäß, stets in einem positiven Sinne zu nehmen sind und daß es die größte Unkenntnis, nicht der Moral, sondern der Sprache offenbart hätte, wenn man die besagten Dinge mit anderem als dem Ausdruck von Zustimmung und Billigung erwähnt hätte. Wüßten wir aber darum auch schon, ob der angebliche Prophet wirklich richtige Moralvorstellungen besessen hat? Hören wir, was er selbst erzählt, so werden wir alsbald entdecken, daß er Beispiele von Betrug, Unmenschlichkeit, Grausamkeit, Rachsucht und Bigotterie lobt, die ganz und gar nicht mit einer zivilisierten Gesellschaft in Einklang stehen. Es scheint hier keine feste Regel dessen, was recht ist, zu geben, die zu beachten wäre. Jede Handlung wird vielmehr allein danach gepriesen oder verdammt, ob sie den Rechtgläubigen nützt oder schadet.

Nun nützt es in der Ethik tatsächlich sehr wenig, allgemeingültige Vorschriften aufzustellen. Wer auch immer irgendwelche moralischen Tugenden anempfiehlt, sagt in Wahrheit nicht mehr, als in den entsprechenden Wörtern selbst schon enthalten ist. Das Volk, das das Wort *Nächstenliebe* erfand und es in lobendem Sinne gebrauchte, hat dadurch die Vorschrift *Du sollst Deinen Nächsten lieben!* weit deutlicher und viel effektiver eingeprägt als jeder sogenannte Prophet oder Gesetzgeber, der eine solche *Maxime* seinen Schriften einverleibte. Alle Ausdrücke, die neben ihrer übrigen Bedeutung außerdem in einem bestimmten Grade

Lob oder Tadel enthalten, laufen nur sehr geringe Gefahr, verkehrt oder mißdeutet zu werden.

Es ist ganz natürlich, daß wir nach einem *Maßstab des Geschmacks* suchen, nach einer Regel, durch die die verschiedenen Empfindungen der Menschen miteinander in Einklang gebracht werden können oder die wenigstens eine Entscheidung erlaubt, welches Gefühl zu bestätigen und welches zu verwerfen wäre.

Es gibt eine Richtung in der Philosophie, die alle Hoffnung abschneidet, einem solchen Unternehmen könnte Erfolg beschieden sein, und die es als unmöglich darstellt, je zu einem Maßstab des Geschmacks zu gelangen. Zwischen Urteil und Gefühl, sagt man, besteht ein himmelweiter Unterschied. Alles Gefühl hat recht, weil Gefühl sich auf nichts außerhalb seiner selbst bezieht und weil es stets, wo immer sich jemand seiner bewußt ist, Wirklichkeit ist. Die Bestimmungen, die der Verstand trifft, sind dagegen nicht allesamt richtig, denn sie beziehen sich auf etwas anderes als sie selbst, nämlich auf das, was wirklich der Fall ist, und sie stimmen nicht immer mit diesem Maßstab überein. Unter tausend verschiedenen Meinungen, die verschiedene Menschen in bezug auf ein und dieselbe Sache haben mögen, ist eine und nur eine zutreffend und wahr; und die einzige Schwierigkeit besteht darin, herauszufinden und zu bestätigen, welche das ist. Auf der anderen Seite sind tausend verschiedene Empfindungen, von einem einzigen Gegenstand hervorgerufen, allesamt richtig, denn keine Empfindung repräsentiert, was wirklich im Objekt ist. Sie bezeichnet lediglich eine gewisse Übereinstimmung oder Beziehung zwischen dem Gegenstand und den Organen oder Vermögen des Geistes; und wenn diese Übereinstimmung nicht wirklich existierte, hätte die Empfindung unmöglich je entstehen können. Schönheit ist keine Eigenschaft, die den Dingen an ihnen selbst zukommt; sie existiert lediglich im Geiste dessen, der die Dinge betrachtet. Und jeder nimmt dabei eine andere Schönheit wahr. Einer mag sogar Mißgestalt sehen, wo andere Schönheit finden. Und jeder Mensch hat sich mit seinem eigenen Gefühl zufrieden zu geben, ohne den Anspruch zu erheben, die Empfindungen anderer zu regulieren. Die wirkliche Schönheit oder die objektive Mißgestalt zu suchen, ist ein so fruchtloses Unternehmen, als glaubte man herausfinden zu können, was wirklich süß oder an sich bitter sei. Es hängt an der Beschaffenheit der Organe, daß eines und dasselbe sowohl süß als auch bitter sein kann. Und das Sprichwort sagt völlig zu Recht, daß es unnütz ist, über Geschmack zu streiten. Nun ist es nicht nur sehr natürlich, sondern geradezu zwingend, dieses Axiom nicht nur im Bereich des Sinnengeschmacks, sondern auch im Bereich des Geschmacks als eines geistigen Vermögens gelten zu lassen. So ist der gemeine Verstand, der so oft mit der Philosophie, besonders der skeptischen, nicht übereinstimmt, zumindest was den Geschmack angeht, mit ihr einig, und beide vertreten dieselbe Auffassung.

Doch obgleich dieses Axiom dadurch, daß es zum Sprichwort geworden ist, eine Sanktionierung durch den gemeinen Verstand erhalten zu haben scheint, ist es doch ganz gewiß so, daß ein anderer gemeiner Verstand dem widerspricht oder zumindest dazu dienen kann, das besagte Axiom zu modifizieren und in seiner Gültigkeit einzuschränken. Wer etwa behaupten wollte, daß OGILBY und MILTON oder BUNYAN und ADDISON[20] einander gleichkämen, was Genie und ästhetische Qualität anlangt, von dem würde man denken, daß er sich für keine geringere Verstiegenheit als die Behauptung stark macht, ein Maulwurfshügel sei so hoch wie der Pik von TENERIFFA oder ein Tümpel so groß wie der Ozean. Natürlich mag es Leute geben, die den zuerst genannten Autoren den Vorzug geben. Aber niemand beachtet solchen Geschmack, und wir tragen keine Bedenken, die Meinung solcher Möchtegernkunstrichter als absurd und lächerlich zu bezeichnen. In einem solchen Fall kommt niemandem das Prinzip in den Sinn, daß natürlicherweise alle Geschmäcker gleich gelten. Und während wir das Prinzip manchmal zugeben, dann nämlich, wenn die beurteilten Gegenstände einander fast gleichzukommen scheinen, stellt es sich als abwegiges Paradoxon, wo nicht als eine auf der Hand liegende Absurdität dar, wenn Gegenstände so außer jeder Proportion einander gleichgestellt werden.

Nun können die Regeln künstlerischer Komposition offensichtlich nicht a priori festgesetzt oder als die Resultate abstrakter Verstandesschlüsse angesehen werden, die aus einem Vergleich von Ideen unter dem Gesichtspunkt ihrer ewigen und unveränderlichen Verhältnisse und Beziehungen gezogen würden. Ihre Grundlage ist dieselbe wie in allen praktischen Wissenschaften: Erfahrung. Sie sind auch nichts weiter als empirische Generalisierungen darüber, was in allen Ländern und zu allen Zeiten ausnahmslos gefallen hat. Viele Schönheiten, die sich in der Dichtung und sogar in der Redekunst finden, beruhen auf Falschheit und Fiktion, auf Hyperbeln und Metaphern und auf Mißbrauch oder Verkehrung der natürlichen Bedeutung der Ausdrücke. Die Einfälle der Phantasie zu unterdrücken und alle Ausdrücke auf nichts als auf geometrische Wahrheit und Exaktheit zu reduzieren, würde den Gesetzen der Kritik geradewegs entgegengesetzt sein. Denn so würde ein Werk hervorgebracht, das nach durchgängiger Erfahrung äußerst fad und abgeschmackt wäre. Obwohl also die Dichtung sich niemals dem Maßstab exakter Wahrheit unterwerfen kann, muß sie sich doch Kunstregeln fügen, die dem Autor entweder durch sein Genie oder durch Beobachtung offenbar werden. Wenn der eine oder andere Schriftsteller Gefallen gefunden hat, der sich Nachlässigkeiten und Irregularitäten erlaubt hat, dann hat er nicht wegen, sondern trotz solcher Übertretungen von Regel und Ordnung gefallen. Seine Werke haben andere Schönheiten besessen, die den Normen richtiger Kritik entsprachen; und kraft solcher Schönheiten vermochten sie den Tadel aufzuwiegen und dem Leser ein ästhetisches Vergnügen zu bereiten, das größer war als der durch die Fehler erregte Widerwille. ARIOST gefällt, aber nicht wegen seiner monströsen und unwahrscheinlichen Einfälle, wegen seiner bizarren Mischung aus hohem und komischem Stil, seiner inkohärenten Geschichten wegen oder etwa deshalb, weil er seine Erzählung fortwährend unterbricht. Er bezaubert durch die Kraft und die Klarheit seiner Sprache, durch die Mühelosigkeit und Vielfalt seiner Erfindung, durch die natürliche Darstellung von Leidenschaften, besonders der Leidenschaften des tändelnden und amourösen Typs.[21] Und wie sehr seine Fehler unsere ästhetische Befriedigung auch beeinträchtigen mögen, ganz zerstören können sie sie nicht. Selbst wenn unser Vergnügen durch die Teile seiner Dichtung hervorgerufen würde, die wir als fehlerhaft bezeichnet haben, wäre dies kein Einwand gegen die Kunstkritik im allgemeinen. Es wäre nur ein Einwand gegen die Gültigkeit einzelner Kunstregeln, denen zufolge die betreffenden Stellen fehlerhaft sind und die solche Stellen als generell zu tadeln vorstellen. Wenn sich zeigt, daß sie gefallen, können sie nicht fehlerhaft sein, wie unerwartet und unerklärbar das Vergnügen, das sie bereiten, auch sein mag.

Alle allgemeinen Kunstregeln gründen sich also auf nichts als auf Erfahrung und auf die Beobachtung der in der menschlichen Natur angelegten allgemeinen Empfindungen. Dennoch dürfen wir nicht glauben, daß die Gefühle der Menschen in jedem einzelnen Fall mit den Kunstregeln übereinstimmen werden. Jene feineren geistigen Bewegungen sind von sehr zarter und leicht störbarer Natur; und es bedarf des Zusammentreffens vieler günstiger Umstände, um sie in ein reibungsloses Spiel zu versetzen, das genau den etablierten allgemeinen Prinzipien entspricht. Der kleinste äußere Widerstand, auf den so feine Triebfedern stoßen, oder die leiseste innere Unordnung stören ihre Bewegung und bringen den Lauf der ganzen Maschine durcheinander. Wollen wir ein solches Ding probieren und herausfinden, welche Kraft eine Schönheit oder eine Mißgestalt besitzt, müssen wir den rechten Ort und den passenden Zeitpunkt sorgfältig wählen und die Einbildungskraft in eine entsprechende Situation und Disposition versetzen. Eine vollkommen heitere Stimmung, Sammlung der Gedanken und nötige Konzentration auf den Gegenstand: wenn auch nur eines dieser Momente fehlt, wird unser Experiment irreführend sein, und wir werden nicht in der Lage sein zu beurteilen, was die allgemein und überall gültige Schönheit ist. Die Beziehung, die die Natur zwischen der Form und dem Gefühl hergestellt hat, wird jedenfalls weniger klar sein, und es bedarf dann größerer Genauigkeit, um ihr auf die Spur zu kommen und sie zu entdecken. Um die Wirkungsweise der Schönheit zu bestimmen, wird es besser sein, nicht jede einzelne Schönheit, sondern die Werke zu untersuchen, die alle Launen der

Mode, die Capricen des Zeitgeschmacks und alle durch Ignoranz und Neid erzeugten Irrtümer überlebt haben und sich andauernder Bewunderung erfreuen.

Derselbe HOMER, der schon vor zweitausend Jahren in ATHEN und ROM gefallen hat, wird auch heute noch in PARIS und LONDON bewundert. Keine Veränderungen des Klimas, der Regierungsform, der Religion und der Sprache haben es vermocht, seinen Ruhm zu verdunkeln. Autorität oder Vorurteil können einen schlechten Dichter oder Redner zeitweise en vogue sein lassen, aber seine Hochschätzung wird niemals dauerhaft und allgemein sein. Wenn die Nachwelt oder wenn Fremde sich seine Werke vornehmen, ist das Entzücken verschwunden, während die Fehler ungeschminkt hervortreten. Bei einem wirklichen Genie gilt genau das Gegenteil: Je länger seine Werke Bestand haben, je weitere Verbreitung sie finden, desto reiner ist die Bewunderung, die sie ernten. Neid und Mißgunst nehmen im kleinen Kreis einen zu großen Raum ein; auch persönliche Bekanntschaft mit dem Künstler kann den Beifall vermindern, den seine Werke verdienen. Sind diese Hindernisse aber beseitigt, dann beweisen die Schönheiten, die von Natur aus dazu angelegt sind, angenehme Empfindungen hervorzurufen, unmittelbar ihre Kraft, und solange die Welt steht, bewahren sie ihre Autorität über die Seelen der Menschen.

Es zeigt sich also, daß es bei aller Verschiedenheit und Launenhaftigkeit des Geschmacks bestimmte allgemeine Gesetze gibt, auf denen Billigung oder Tadel beruhen und deren Wirksamkeit eine sorgfältige Beobachtung in allen geistigen Vorgängen aufspüren kann. Es gibt bestimmte Formen und Qualitäten, die gemäß der natürlichen geistigen Verfassung des Menschen dazu bestimmt sind, zu gefallen, andere dazu,

Mißfallen zu erregen. Und wenn diese Wirkung im Einzelfall nicht eintritt, dann liegt das ganz offensichtlich an einem Defekt oder an einer Unvollkommenheit des Organs. Wer Fieber hat, wird nicht darauf bestehen, daß sein Gaumen fähig sei zu entscheiden, wie etwas schmeckt; und wer Gelbsucht hat, wird sich über Farben kein Urteil anmaßen. Für jedes Lebewesen gibt es einen gesunden und einen kranken Zustand; und allein vom gesunden Zustand kann man annehmen, daß er den richtigen Maßstab für Geschmack und Empfindung abgibt. Wenn sich nun, unter der Bedingung, daß die Organe gesund sind, eine durchgängige oder beträchtliche Einhelligkeit der Empfindung unter den Menschen zeigt, dann können wir daraus die Idee vollkommener Schönheit ableiten, genauso wie das Aussehen eines Gegenstandes im Tageslicht und für ein gesundes Auge als seine wahre oder wirkliche Farbe auch dann bezeichnet wird, wenn man einräumt, daß Farbe bloß ein Phantasma der Sinne ist.

Die Defekte der geistigen Organe, die den Einfluß jener generellen Prinzipien verhindern oder schwächen, von denen unsere Empfindsamkeit für Schönheit und Mißgestalt abhängt, sind vielfältig und treten häufig auf. Obwohl also manche Gegenstände, entsprechend der Verfassung des Geistes, dazu bestimmt sind, Wohlgefallen zu erregen, so ist doch nicht zu erwarten, daß jeder einzelne Mensch das Wohlgefallen gleichermaßen empfinden wird. Besondere Umstände und Vorkommnisse treten ein, die den Gegenstand in ein verkehrtes Licht setzen oder die die richtige Beleuchtung daran hindern, der Einbildungskraft die richtige Empfindung und richtige Perzeption zu vermitteln.

Ein offensichtlicher Grund, warum viele nicht das richtige Schönheitsgefühl haben, ist ein Mangel an jener *Feinheit* der Einbildungskraft, deren es bedarf, um für jene zarteren Gemütsbewegungen empfänglich zu sein. Solche Sensibilität reklamiert jeder für sich; alle sprechen von ihr und möchten sie zum Richtmaß in allen Geschmacksfragen und bei allen Gefühlsdingen machen. Da unsere Absicht in dieser Abhandlung aber darauf gerichtet ist, ein wenig das Licht des Verstandes in das Empfinden von Gefühlen einzumischen, wird es angebracht sein, diese Sensibilität etwas genauer zu definieren, als man bislang versucht hat. Und um unsere Philosophie nicht aus einer allzu tiefen Quelle zu schöpfen, wollen wir auf eine wohlbekannte Anekdote aus DON QUIJOTE zurückgreifen.[22]

Es hat seinen guten Grund, sagt SANCHO zum Ritter mit der großen Nase, daß ich mir auf mein Urteil über Weine etwas zugute halte, denn dies Vermögen ist in unserer Familie erblich. Zwei Verwandte von mir wurden einmal aufgefordert, einen Wein zu beurteilen, der für exzellent galt: alt und von guter Lage. Der eine kostet den Wein, bedankt sich und erklärt den Wein nach reiflicher Überlegung für gut, wäre da nicht ein leiser Beigeschmack nach Leder. Der andere, indem er dieselbe Sorgfalt walten läßt, spricht sich gleichfalls zugunsten des Weines aus, aber mit der Reserve, daß er, wie er deutlich bemerken könne, nach Eisen schmecke. Ihr könnt Euch nicht vorstellen, wie beide wegen ihres Urteilsspruchs verlacht wurden. Aber wer lachte am Ende? Als man das Faß leerte, fand sich am Boden ein alter Schlüssel an einem Lederband.

Die große Ähnlichkeit zwischen dem Sinnengeschmack und dem Geschmack als einem geistigen Vermögen lehrt ohne weiteres die Nutzanwendung dieser Geschichte. Obwohl es sicher so ist, daß Schönheit und Mißgestalt, mehr noch als Süße und Bitterkeit, keine den Gegenständen zukommenden Eigenschaften sind, sondern ganz zur inneren oder äußeren Empfindung gehören, muß man doch einräumen, daß den Gegenständen bestimmte Eigenschaften zukommen, die von Natur aus dazu geeignet sind, jene spezifischen Empfindungen zu produzieren. Da sich diese Eigenschaften nur schwach ausgeprägt vorfinden oder da sie untereinander vermischt und verworren sein mögen, geschieht es oft, daß der Geschmack durch solche kaum wahrnehmbaren Qualitäten kaum affiziert wird oder daß er nicht in der Lage ist, all die verschiedenen Aromen in dem Gemenge zu unterscheiden, in dem sie sich darbieten. Wo die Organe so sensibel sind, daß ihnen nichts entgeht, und wo sie zugleich so präzise funktionieren, daß sie alle Komponenten einer Zusammensetzung zu unterscheiden vermögen, da sprechen wir von der Feinheit des Geschmacks, und zwar im wörtlichen wie im übertragenen Sinne des Wortes. Hier also finden die allgemeinen Regeln der Schönheit ihre Anwendung, die von anerkannten Paradigmata und aus der Beobachtung dessen abgeleitet wurden, was gefällt und was mißfällt, wenn es für sich und in deutlicher Ausprägung vorgeführt wird. Wenn nun dieselben Qualitäten in Verbindung mit anderen und in schwächerer Konzentration die Organe nicht mit fühlbarem Vergnügen oder Mißbehagen affizieren, dann schließen wir den Betreffenden aus dem Kreise derer aus, die Anspruch auf jene Feinheit des Geschmacks machen können. Die allgemeinen Regeln oder anerkannten Muster künstlerischer Komposition aufzustellen, ist dasselbe, wie den Schlüssel mit dem Lederband zu finden, der das Urteil von SANCHOS Verwandten bestätigte und jene angeblichen Richter disqualifizierte, die sie verlacht hatten. Auch wenn das Faß niemals geleert worden wäre, wäre der Geschmack der einen genauso fein wie der der anderen grob und unempfindlich gewesen, aber es wäre schwieriger gewesen, allen Umstehenden die Überlegenheit der ersten überzeugend zu beweisen. Dasselbe gilt für ästhetische Eigenschaften: Auch wenn die Schönheiten des Schreibstils niemals systematisiert und auf allgemeine Prinzipien zurückgeführt worden wären, auch wenn nirgends hervorragende Muster anerkannt worden wären, es hätte gleichwohl Sensibilität des Geschmacks in unterschiedlichen Graden gegeben; und das Urteil des einen wäre dem Urteil anderer vorzuziehen gewesen. Aber es wäre nicht so leicht gewesen, den schlechten Kunstrichter zum Schweigen zu bringen, der sich stets auf sein eigenes partikulares Gefühl berufen und sich weigern könnte, seinem Antagonisten recht zu geben. Wenn wir ihm aber ein anerkanntes Kunstprinzip entgegenhalten, wenn wir das Prinzip an Beispielen illustrieren, die er selber, nach seinem eigenen individuellen Geschmack, als Fälle anerkennt, die dem Gesetz entsprechen, wenn wir ferner zeigen, daß dasselbe Prinzip auf den vorliegenden Fall Anwendung findet, in dem er seine Wirksamkeit nicht sieht oder empfindet – nach all dem muß er schließen, daß der Fehler bei ihm liegt und daß ihm die Feinheit des Geschmacks abgeht, die es braucht, um in einem Kunstwerk oder einer Rede jede Schönheit und jeden Fehler zu empfinden.

Anerkanntermaßen besteht die Vollkommenheit der Sinne oder geistigen Fähigkeiten darin, auch den kleinsten Gegenstand präzise wahrzunehmen und nichts aufmerksamer Betrachtung entgehen zu lassen. Je kleiner die Gegenstände sind, die das Auge wahrzunehmen vermag, desto schärfer ist es und desto feiner ist sein Bau. Eine feine Zunge beweist sich nicht an starken Aromen, sondern an der Beimischung kleiner Anteile, wenn wir sie trotz ihrer Geringfügigkeit und ihrer Vermengung mit dem Rest noch wahrzunehmen vermögen. In Analogie dazu muß eine rasche und genaue Wahrnehmung von Schönheit und Mißgestalt die Vollkommenheit des Geschmacks als eines geistigen Vermögens sein, und der kann nicht mit sich zufrieden sein, der befürchten muß, daß ihm Vorzüge oder Mängel einer Rede entgehen. In diesem Fall sind die Vollkommenheit der Sinne oder des Gefühls und die Vollkommenheit des Menschen eins. Eine sehr empfindliche Zunge kann sich oft für den Betroffenen selbst wie für seine Freunde als etwas sehr Störendes erweisen. Ein feiner Sinn für Geist oder Schönheit ist allemal eine wünschenswerte Eigenschaft, denn er ist die Quelle der edelsten und unschuldigsten Vergnügen, für die die menschliche Natur empfänglich ist. In diesem Punkt sind alle Menschen derselben Meinung. Wo immer man einen feinen Geschmack antrifft – unfehlbar wird er Lob ernten. Und feststellen kann man ihn am besten unter Berufung auf die Vorbilder und Prinzipien, die die durchgängige Übereinstimmung und die einhellige Erfahrung der Völker und Zeiten als gültig erwiesen hat.

Obgleich nun von Natur aus große Unterschiede von Mensch zu Mensch bestehen, was die Feinheit des Geschmacks angeht, taugt nichts besser dazu, dieses Vermögen zu erweitern und zu verbessern als *Übung* in einer bestimmten Kunstsparte und wiederholte genaue Betrachtung und Untersuchung einer bestimmten Gattung des Schönen. Wenn uns die Gegenstände, welcher Art sie auch seien, zum ersten Mal vor Augen oder in den Sinn kommen, ist die Empfindung, die sie begleitet, dunkel und verworren; und wir sind weitgehend unfähig, etwas über ihre Vorzüge oder Fehler zu sagen. Der Geschmack ist dann doch nicht in der Lage, die verschiedenen Vorzüge der Sache wahrzunehmen, geschweige denn ihre besonderen Charakteristika zu unterscheiden und diese nach Art und Grad zu bestimmen. Das Ganze generell als schön oder mißgestaltet anzusprechen, ist das äußerste, was man erwarten kann, und selbst ein solches Urteil wird der gänzlich Unerfahrene nur mit Zögern und großer Zurückhaltung abgeben. Man erlaube ihm aber, Erfahrung mit diesen Dingen zu sammeln, und er wird im Gefühl feiner und präziser werden. Nicht allein, daß er die Schönheiten und Mängel aller Teile wahrzunehmen vermag, er trifft auch die unterscheidenden Merkmale einer jeden Qualität und verteilt angemessen Lob und Tadel. Er hat eine klare und deutliche Empfindung, solange er den Gegenstand betrachtet, und er unterscheidet genau die Art und den Grad von Zustimmung oder Mißfallen, die ein jedes Teil seiner Natur nach hervorzurufen geeignet ist. Die Nebelschleier, die vorher über dem Gegenstand zu liegen schienen, verziehen sich; das Sensorium vervollkommnet seine Funktion und leitet, ohne Gefahr des Mißgriffs, das Urteil über die Vorzüge eines jeden Werkes. Mit einem Wort: Dieselbe Gewandheit und Geschicklichkeit, die praktische Übung einer jeden künstlerischen Tätigkeit verleiht, wird durch dasselbe Mittel auch in der Kunstbeurteilung erworben.

Übung ist für die Erkenntnis der Schönheit so wichtig, daß wir, bevor wir ein Urteil über irgendein bedeutendes Kunstwerk abgeben können, unbedingt eben dieses Werk mehr als einmal sorgsam geprüft und, aufmerksam erwägend, in verschiedener Beleuchtung betrachtet haben müssen. Flatterhafte Gedankenassoziationen begleiten die erste Betrachtung eines Werkes und verwirren das eigentliche Schönheitsgefühl. Die Beziehungen der Teile zueinander bleiben unerkannt. Die besonderen Charakteristika des Stils werden nicht genau wahrgenommen. Die verschiedenen Vorzüge und Nachteile scheinen in einer Art Vermengung verwickelt zu sein, so daß sie sich ununterschieden dem geistigen Auge darbieten. Ganz zu schweigen von einer Schönheit des oberflächlichen Glanzes, die erst gefällt, bald aber ihren Reiz verliert und dann verachtet oder sehr viel geringer geschätzt wird, wenn sich zeigt, daß sie mit einem richtigen Ausdruck von Vernunft oder Leidenschaft unvereinbar ist.

Nun kann man keine Übung darin erwerben, die Momente zu erkennen, die eine Spezies der Schönheit ausmachen, ohne häufig *Vergleiche* zwischen verschiedenen Arten ästhetischer Vortrefflichkeit anzustellen und ohne den Grad ihrer Ausprägung und ihr Verhältnis zueinander zu schätzen. Wer keine Gelegenheit hatte, die verschiedenen Formen von Schönheit miteinander zu vergleichen, kann kein Werk, das ihm vorkommt, begutachten. Durch Vergleich allein erhalten die Epitheta von Lob und Tadel eine fixe Bedeutung; durch Vergleich allein lernen wir, im richtigen Maße Lob und Tadel zuzumessen. Noch das gröbste Geklecksc zeigt einen gewissen Farbenglanz und eine gewisse Nachahmungsähnlichkeit, Schönheiten, die einem Bauern oder einem Indianer höchste Bewunderung einflößen würden. Noch das gemeinste Volkslied entbehrt nicht ganz der Harmonie und der Natürlichkeit; und nur wer mit höheren Formen der Schönheit vertraut ist, würde die Verse holprig und die Geschichte belanglos nennen. Wer mit den höchsten Formen einer Art des Schönen vertraut ist, den schmerzt es, wenn er einem Stück sehr niedrigen Ranges begegnet; und er nennt es aus diesem Grund häßlich. Denn von dem vollendetsten Werk, das uns bekannt ist, glauben wir natürlich, daß es den Gipfel der Vollkommenheit erreicht hat und den größten Beifall verdient. Nur wer sich darauf versteht, die verschiedenen Werke, die zu verschiedenen Zeiten und bei verschiedenen Völkern bewundert wurden, zu betrachten, zu untersuchen und zu gewichten, kann die Qualitäten eines Werkes, das ihm unter die Augen kommt, einschätzen und ihm den gebührenden Rang unter den Produkten des Genies anweisen.

Damit aber ein Kunstrichter diese Aufgabe wirklich erfüllen kann, muß er sich von allen *Vorurteilen* freihalten und darf er nichts zum Gegenstand seiner Betrachtung werden lassen als eben das Werk selbst, das seiner Prüfung unterworfen ist. Man weiß, daß jedes Kunstwerk, wenn es die richtige Wirkung erzielen soll, unter einem bestimmten Gesichtspunkt betrachtet werden muß und von denen nicht voll genossen werden kann, deren reale Situation derjenigen nicht entspricht, die das Werk verlangt, oder die die vom Werk geforderte Imaginationsleistung nicht vollbringen. Ein Redner wendet sich an eine bestimmte Zuhörerschaft und muß dabei ihre eigentümliche Geisteshaltung, ihre Interessen, Meinungen, Leidenschaften und Vorurteile berücksichtigen, sonst hofft er vergeblich, ihre Entschlüsse zu beeinflussen und ihre Gefühle zu erregen. Sollten sie ihm gegenüber sogar voreingenommen sein, und sei es aus Unvernunft, darf der Rhetor diesen Nachteil nicht außer acht lassen, sondern muß ihre Affekte zu beschwichtigen und ihr Wohlwollen zu gewinnen suchen, ehe er zu seinem eigentlichen Thema kommt. Wenn nun ein Kritiker, der einer anderen Zeit oder einer anderen Nation angehört, eine solche Rede liest, muß er alle diese Umstände im Auge haben und muß sich in die Lage der Zuhörer versetzen, um sich ein treffendes Urteil über die Rede zu bilden. Dasselbe gilt, wenn ein Werk sich an das Publikum wendet und mich Freundschaft oder Feindschaft mit dem Autor verbindet: Ich muß mich dann aus dieser Situation herausziehen, muß mich bloß als Mensch betrachten und, wenn möglich, mein individuelles Sein und meine besonderen Lebensumstände vergessen. Wer vorurteilsbehaftet ist, erfüllt diese Bedingung nicht, sondern hält hartnäckig an seiner natürlichen Position fest, anstatt sich in den Gesichtspunkt zu versetzen, den das Werk unterstellt. War das Werk an Menschen einer anderen Zeit oder einer anderen Nation gerichtet, läßt er deren besondere Ansichten und Vorurteile nicht zu, sondern verdammt unbesonnen, im Vollgefühl der Gepflogenheiten seiner eigenen Zeit und seines Landes, was in den Augen derjenigen als wunderbares Werk erschien, auf die allein die Rede berechnet war. Wird das Werk öffentlich vorgetragen, denkt er nicht daran, seinen Verständnishorizont genügend zu erweitern oder sein Interesse als Freund oder Feind, als Rivale oder Rezensent hintanzustellen. Dadurch werden seine Empfindungen verfälscht, und dieselben Schönheiten und Fehler machen nicht denselben Eindruck auf ihn, als wenn er sich zu der nötigen Phantasieleistung gezwungen und für einen Augenblick sich selbst vergessen hätte. Im selben Maß weicht sein Geschmack offensichtlich vom gültigen Maßstab ab und verliert folglich alles Ansehen und alle Glaubwürdigkeit.

Bekanntlich zerstört Vorurteil in allen Fragen, die der Verstand zu entscheiden hat, ein gültiges Urteil, und verkehrt die Operationen unserer intellektuellen Vermögen. Für den guten Geschmack ist das Vorurteil nicht weniger schädlich und korrumpiert unseren Sinn für die Schönheit nicht minder. Es gehört zu einem *gesunden Verstand*, den Einfluß des Vorurteils in beiden Fällen zu hemmen; und in dieser wie auch manch anderer Hinsicht ist Vernunft, wenn nicht ein wesentlicher Bestandteil des Geschmacks, so doch zum mindesten eine Vorbedingung für die Funktion dieses Vermögens. In all den besseren Werken genialer Künstler findet sich eine Wechselbeziehung und Korrespondenz der Teile; und niemand kann die Schönheiten oder auch die Mängel eines Werkes wahrnehmen, dessen Denkvermögen nicht ausreicht, alle diese Teile zu erfassen und zueinander in vergleichende Beziehung zu setzen, um die Konsistenz und die Einheit des Ganzen wahrzunehmen. Jedes Kunstwerk hat darüber hinaus ein bestimmtes Ziel oder einen Zweck, auf die hin es berechnet ist, und es muß als mehr oder weniger vollkommen angesehen werden, je nachdem wie gut oder wie schlecht es geeignet ist, seinen Zweck zu erreichen. Das Ziel der Beredsamkeit ist: zu überzeugen, das der Geschichte: zu belehren, das der Poesie: durch die Erregung von Gefühl und Phantasie Vergnügen zu bereiten. Wenn wir literarische Werke lesen, müssen wir diese Zwecke immer im Auge behalten, um beurteilen zu können, wie weit die Mittel, die das Werk gebraucht, dazu angetan sind, den jeweiligen Zweck zu erreichen. Außerdem ist jedes Stück Literatur, wie poetisch es auch immer sein mag, nichts als eine Kette von Propositionen und Räsonnements, die freilich nicht immer die richtigsten und genauesten, aber doch plausibel und einleuchtend sein müssen, wie sehr sie auch unter dem Farbenkleid der Phantasie verborgen sein mögen. Die Personen der Tragödie und des Epos müssen als Menschen dargestellt werden, die vernünftig überlegen, die denken, die ihre Schlüsse ziehen und die handeln, wie es ihrem Charakter und ihren Umständen entspricht. Und ohne Urteilskraft, die er ebenso braucht wie Geschmack und Erfindungsgabe, kann kein Dichter hoffen, mit einer so heiklen Aufgabe zu Rande zu kommen. Nicht zu reden davon, daß dieselben geistigen Vortrefflichkeiten, die zur Verbesserung der Vernunft beitragen: dieselbe Klarheit des Vorstellens, dieselbe Schärfe im Unterscheiden, dieselbe lebendige Auffassungsgabe, für die Funktion des richtigen Geschmacks wesentlich und seine unfehlbaren Begleiter sind. Selten oder nie kommt es vor, daß ein Mann von Verstand, der in einer Kunstgattung bewandert ist, deren Schönheit nicht beurteilen kann; und nicht weniger selten trifft man jemanden, der einen richtigen Geschmack, aber keinen gesunden Verstand besitzt.

So erklärt es sich also, daß, obwohl die Gesetze, nach denen der Geschmack arbeitet, universell gelten und bei allen Menschen fast, ja vielleicht ganz dieselben sind, doch nur wenige qualifiziert sind, über ein Kunstwerk zu urteilen oder ihr Empfinden zum Maßstab der Schönheit zu machen. Die Organe der inneren Wahrnehmung sind selten so vollkommen, daß die allgemeinen Prinzipien ganz und ungestört ins Spiel kämen und ein Gefühl hervorriefen, das diesen Prinzipien entspräche. Sie leiden entweder an Mängeln oder werden durch irgendeine Unordnung gestört und produzieren auf diese Weise Empfindungen, die man als irrig bezeichnen kann. Mangelt es dem Kunstrichter an Feinheit des Geschmacks, urteilt er ohne Unterscheidungsvermögen und reagiert er nur auf die gröberen und leicht greifbaren Qualitäten seines Gegenstandes, dann entgehen ihm dessen feinere Züge unbemerkt und unbeachtet. Fehlt es ihm an

Übung und Erfahrung, wird sein Urteil zögerlich und unklar sein. Ohne Vergleiche mit anderen Werken werden die oberflächlichsten Schönheiten, die wohl eher als Mängel bezeichnet zu werden verdienen, Gegenstand seiner Bewunderung sein. Unter dem Einfluß von Vorurteilen werden seine natürlichen Empfindungen verfälscht. Wenn es ihm an geradem Verstand mangelt, wird er nicht in der Lage sein, die Schönheiten planvoller Gestaltung und vernünftiger Überlegung, die die höchsten und vorzüglichsten Schönheiten sind, zu entdecken. Unter dem einen oder anderen dieser Mängel leiden die meisten Menschen. Daher kommt es, daß selbst in zivilisiertesten Zeiten ein wirklich verläßlicher Kunstrichter eine so rare Gestalt ist. Klarer Verstand, verknüpft mit feiner Empfindung, durch Übung verbessert, durch Vergleiche vervollkommnet und befreit von allem Vorurteil – das allein macht den wahren Kunstrichter aus. Und das vereinte Urteil solcher Kritiker, wo immer sie zu finden sein mögen, ist der wahre Maßstab für Geschmack und Schönheit.

Wo aber lassen sich solche Kunstrichter finden? An welchen Zeichen soll man sie erkennen? Wie soll man sie von denen unterscheiden, die bloß vorgeben, wahre Kritiker zu sein? Diese Fragen setzen uns in Verlegenheit und scheinen uns in den Zustand der Unsicherheit zurückzuwerfen, aus dem wir uns im Laufe dieses Essays herauszuarbeiten versucht haben.

Wenn wir die Sache aber richtig ansehen, zeigt sich, daß dies Tatsachenfragen und nicht Fragen des Empfindens sind. Ob jemand geraden Verstand und ein feines Einfühlungsvermögen besitzt und vorurteilsfrei ist, mag oft strittig und ein Gegenstand langwieriger Diskussion und Untersuchung sein. Daß aber eine solche Person wertvoll und achtbar ist, darin sind sich alle Menschen einig. Wo Zweifel auftauchen, kann man nichts anderes tun als bei anderen Streitfragen, die mit den Mitteln des Verstandes zu entscheiden sind: Man muß die besten Argumente vorbringen, die einem einfallen. Man muß anerkennen, daß es einen objektiven Entscheidungsmaßstab in dieser Sache gibt, nämlich was wirklich, was Tatsache ist. Und man muß Nachsicht mit denen haben, die sich auf dieselben Kriterien berufen, aber zu anderen Resultaten gelangen. Für unsere Zwecke genügt es, gezeigt zu haben, daß nicht alle Menschen, was den Geschmack anlangt, auf dem gleichen Fuße stehen und daß es, generell betrachtet und wie schwierig es auch sein mag, das im einzelnen auszumachen, einige Menschen gibt, die nach einhelliger Meinung in dieser Sache als anderen überlegen anerkannt werden.

In Wirklichkeit ist die Schwierigkeit, sogar im Einzelfall den Maßstab des Geschmacks herauszufinden, gar nicht so groß, wie sie gemacht wird. Obwohl wir in der Theorie leicht einzuräumen bereit sind, daß es in der Wissenschaft sichere Kriterien gebe, im Gefühl aber nicht, zeigt sich dann in der Praxis, daß endgültige Urteile im ersten Fall weit schwieriger sind als im zweiten. Theorien abstrakter Philosophie und Systeme spekulativer Theologie haben ein Zeitalter beherrscht – das nächste hat sie zum Einsturz gebracht und ihre Absurdität aufgedeckt. Neue Theorien und Systeme sind an ihre Stelle getreten, die ihrerseits wieder ihren Nachfolgern haben weichen müssen. Und von nichts lehrt uns die Erfahrung, daß es für die Revolutionen der Mode und des Zufalls anfälliger ist als die angeblich definitiven Lösungen wissenschaftlicher Probleme. Anders bei den Schönheiten der Poesie und der Beredsamkeit: Werke, in denen Gefühl und Natur treffenden Ausdruck finden, werden gewiß nach einer kleinen Weile den öffentlichen Beifall finden, der ihnen dann für immer erhalten bleibt. ARISTOTELES, PLATO, EPIKUR und DESCARTES mögen einander der Reihe nach weichen; TERENZ und VERGIL dagegen behaupten allgemein und unangefochten ihre Macht über die Menschen. CICEROS theoretische Philosophie hat ihr Ansehen verloren; die Macht seiner Rede dagegen bewundern wir noch immer.[23]

Gewiß sind Menschen mit ausgeprägter ästhetischer Sensibilität rar, aber in der Gesellschaft sind sie leicht zu entdecken, denn durch ihr gesundes Urteil und ihre überlegenen geistigen Fähigkeiten tun sie sich vor dem Rest hervor. Durch die Vorrangstellung, die sie erlangen, erhält die lebhafte Zustimmung, mit der sie ein Werk des Genies aufnehmen, allgemein Anerkennung und Vorherrschaft. Mit sich allein gelassen, haben viele Menschen nur einen schwachen und zweifelhaften Sinn für die Schönheit, obgleich sie sehr wohl in der Lage sind, Feinheiten zu würdigen, wenn man sie ihnen zeigt. Jeder, der zur Bewunderung des wahren Dichters oder echten Redners bekehrt ist, zieht neue Konversionen nach sich. Gewiß können Vorurteile eine Weile lang herrschen. Doch nie vereinigen sie sich auf Dauer, um einen Rivalen des wahren Genies auf den Schild zu heben, denn zu guter Letzt müssen sie der Kraft der Natur und der richtigen Empfindung weichen. Obwohl also eine zivilisierte Nation bei der Wahl ihrer bewunderten Philosophen leicht einen Mißgriff tun kann, hat sich doch noch keine gefunden, die lange in der Verehrung für ihre epischen und tragischen Lieblingsdichter irrte.

Ungeachtet aber aller unserer Versuche, einen Maßstab des Geschmacks zu fixieren und die widersprüchlichen Auffassungen der Menschen in Übereinstimmung miteinander zu bringen, bleiben noch zwei Quellen für Abweichungen im Urteil, die zwar die Grenzen zwischen Schönheit und Mißgestalt nicht verwischen, aber oft Unterschiede im Grad von Lob und Tadel hervorrufen können. Da sind einmal die unterschiedlichen Gemütsverfassungen verschiedener Menschen, zum anderen die besonderen Sitten und Meinungen unseres Zeitalters und unseres Landes. Die allgemeinen Gesetze des Geschmacks ergeben sich aus der Einförmigkeit der menschlichen Natur. Wo Menschen sich in ihren Urteilen unterscheiden, lassen sich gewöhnlich Mängel und Verkehrtheiten unter ihren geistigen Fähigkeiten feststellen, die sich entweder aus Vorurteil, aus Mangel an Erfahrung oder aus Mangel an Sensibilität ergeben. Es besteht also guter Grund, dem einen Geschmack zuzustimmen und einen anderen zu tadeln. Wo aber Unterschiede in der inneren Verfassung oder in den äußeren Umständen bestehen, die keiner Seite vorgeworfen werden können und keinen Spielraum für die Entscheidung lassen, der einen Seite den Vorzug vor der anderen zu geben, da ist eine Verschiedenheit der Urteile in einem gewissen Grade unvermeidlich und die Suche nach einem Maßstab vergebens, durch den wir die gegensätzlichen Empfindungen in Einklang bringen könnten.

Ein junger Mann mit feurigen Leidenschaften wird von amourösen, zärtlichen Bildern stärker sinnlich berührt werden als ein älterer, der sein Vergnügen an weisen philosophischen Betrachtungen über die Führung des Lebens und die Mäßigung der Leidenschaften findet. Mit zwanzig Jahren mag OVID der Lieblingsdichter sein, HORAZ mit vierzig und vielleicht TACITUS mit fünfzig.[24] In solchen Fällen würden wir vergeblich versuchen, uns in die Empfindungen von anderen zu versetzen und uns der Neigungen zu entledigen, die uns natürlich sind. Unsere Lieblingsdichter wählen wir wie unsere Freunde nach der Übereinstimmung von Gemütsverfassung und Anlagen. Heiterkeit oder Leidenschaft, Empfindung oder Reflexion, was immer in unserem Temperament vorherrscht, läßt uns eine eigentümliche Sympathie für den Autor empfinden, der uns ähnlich ist.

Dem einen gefällt das Erhabene besser, dem anderen das Zarte, einem dritten das Lustige. Einer ist besonders empfindlich für die Mängel und ihm kommt es ganz besonders auf Richtigkeit an. Ein anderer hat ein ganz besonders lebhaftes Empfinden für die Schönheit und verzeiht zwanzig Ungereimtheiten und Fehler für einen ergreifenden oder erhabenen Einzelzug. Dieser hat ein Ohr allein für knappen, kräftigen Stil, jenem gefällt eine wortreiche, ausschweifende und melodiöse Ausdrucksweise. Einer liebt Einfachheit, Schmuck ein anderer. Komödie, Tragödie, Satire und Ode, alle haben sie ihre Parteigänger, die ihre besondere Gattung jeder anderen vorziehen. Offensichtlich begeht ein Kunstrichter einen Fehler, wenn er sein Lob auf eine einzige Literaturgattung und eine einzige Schreibart einschränkt und den ganzen Rest verdammt. Aber es ist fast unmöglich, nicht eine Vorliebe für die Kunstgattung zu empfinden, die unserer spezifischen Wesensart entspricht. Solche Bevorzugungen sind unschuldig und unvermeidlich und können vernünftigerweise nicht Gegenstand eines Disputs sein, weil es keinen Maßstab gibt, durch den hier zu entscheiden wäre.

Aus dem gleichen Grunde macht es uns mehr Vergnügen, wenn wir im Zuge unserer Lektüre Szenen und Personen begegnen, die dem ähneln, was wir aus unserer eigenen Zeit und unserem eigenen Lande kennen, als Beschreibungen von fremden Sitten. Es kostet uns eine gewisse Anstrengung, uns auf die einfachen Sitten alter Zeiten einzulassen und von Prinzessinnen zu hören, die Wasser vom Brunnen holen, oder von Königen und Helden, die sich ihr Mahl bereiten. Wir mögen im allgemeinen wohl einräumen, daß die Darstellung solcher Gepflogenheiten dem Autor nicht anzukreiden und kein Mangel des Werkes ist; aber sie berührt uns nicht so fühlbar. Das ist auch der Grund, warum sich Komödien nicht so leicht von einer Zeit in eine andere übertragen oder von einer Nation in eine andere versetzen lassen. Ein FRANZOSE oder ENGLÄNDER findet kein Gefallen an der *Andria* des TERENZ oder an der *Clizia* von MACHIAVELL, in denen die schöne Dame, um die sich das ganze Schauspiel dreht, kein einziges Mal vor dem Zuschauer erscheint, sondern, dem zurückhaltenden Wesen der alten GRIECHEN und der modernen ITALIENER gemäß, allezeit hinter der Szene gehalten wird.[25] Ein gebildeter und reflektierter Mann kann auch solch eigentümlichen Sitten ihren Platz auf dem Theater einräumen, aber das gewöhnliche Publikum kann sich niemals so weit seiner üblichen Vorstellungen und Empfindungen entäußern, um Szenen zu genießen, die ihm so gar nicht ähnlich sind.

Hier aber taucht ein Gedanke auf, der vielleicht in der berühmten *Querelle des anciens et des modernes* von Nutzen sein kann, wo wir oft finden, daß die eine Seite alles, was an den Alten ungereimt erscheint, mit den Gepflogenheiten jener Zeit entschuldigt und die andere Seite sich weigert, diese Entschuldigung anzuerkennen, oder sie höchstens als Apologie des Autors, nicht als Entschuldigung für sein Werk zuzugeben bereit ist. Mir scheint, daß die genauen Grenzlinien in dieser Sache zwischen den streitenden Parteien selten präzise bestimmt worden sind. Wo so unschuldige Besonderheiten in Sitten und Gebräuchen Thema sind wie die eben erwähnten, sollte man sie gewiß zulassen. Wer durch sie schockiert wird, beweist nur falsche Empfindlichkeit und Überfeinerung. Des Dichters »Denkmal, dauerhafter denn von Erz«[26] müßte wie Ziegel oder Lehm zusammenfallen, würden die Menschen keine kontinuierliche Umwälzung der Sitten und Gebräuche zulassen und nichts anerkennen dürfen, als was der gerade herrschenden Mode entspricht. Sollen wir die Bilder unserer Ahnen fortwerfen, bloß weil sie Halskrausen und Reifröcke trugen? Wenn sich allerdings die Moralvorstellungen und Anstandsregeln im Laufe der Zeiten ändern und wenn lasterhafte Sitten dargestellt werden, ohne gehörig mit Zeichen der Mißbilligung und des Tadels markiert zu sein, dann muß dies eine Dichtung verunstalten und als etwas wirklich Häßliches anerkannt werden. In eine solche Empfindung kann ich mich nicht und sollte ich mich nicht versetzen. Und wie sehr ich auch den Dichter mit den Sitten seiner Zeit entschuldigen mag, nie kann ich sein Werk goutieren. Mangel an Menschlichkeit und Anstand, die so deutlich an Figuren der antiken Dichtung, manchmal sogar bei HOMER und den GRIECHISCHEN Tragikern, zutage treten, vermindern die Trefflichkeit dieser edlen Werke erheblich und geben den modernen Dichtern einen Vorzug vor ihnen. Schicksale und Gefühle solch ungesitteter Helden interessieren uns nicht. Es mißfällt uns, die Grenzlinien zwischen Tugend und Laster so durcheinandergebracht zu sehen. Wieviel Nachsicht wir dem Autor auf Rechnung seiner Vorurteile auch entgegenbringen mögen, wir können es nicht über uns bringen, uns in sein Empfinden zu versetzen oder eine Neigung zu den Figuren seiner Dichtung zu fassen, die sich uns offen als tadelnswert darstellen.

Im Fall theoretischer Überzeugungen welcher Art auch immer verhält es sich anders als im Fall moralischer Prinzipien. Erstere befinden sich immer im Fluß und in dauernder Umwälzung. Der Sohn hält ein anderes System für wahr als der Vater. Ja, in dieser Hinsicht kann sich kaum einer in bezug auf sich selbst mit großer Beständigkeit und Einstimmigkeit brüsten. Welche theoretischen Irrtümer sich auch immer in den Werken der schönen Literatur finden mögen, sie beeinträchtigen ihren Wert nur wenig. Es braucht nur eine kleine Wendung des Denkens oder der Imagination, um uns in die Meinungen hineinzuversetzen, die seinerzeit herrschten, oder um die Einstellungen und Schlüsse nachzuvollziehen, die auf sie gegründet wurden. Aber einer großen Gewaltanstrengung bedarf es, um unser Urteil über die Sitten zu ändern und uns anders Zustimmung oder Ablehnung, Liebe oder Haß empfinden zu lassen, als wir es durch lange Übung gewohnt sind. Wer der Richtigkeit der moralischen Maßstäbe vertraut, nach denen er urteilt, wird auch zu Recht eifersüchtig über sie wachen und die Empfindungen seines Herzens, aus Nachgiebigkeit gegenüber welchem Autor auch immer, nicht einen Augenblick in Verwirrung geraten lassen.

Von den theoretischen Irrtümern sind in einem Kunstwerk die, welche die Religion betreffen, am ehesten zu entschuldigen. Über die Zivilisiertheit oder Weisheit eines Volkes oder gar einer einzelnen Person aus der Grobheit oder Feingesponnenheit der theologischen Prinzipien zu urteilen, ist nie erlaubt. Auf den geraden Sinn, der die Menschen im täglichen Leben leitet, hört in Religionssachen niemand, weil man glaubt, daß sie außerhalb des Erkenntnishorizonts der menschlichen Vernunft liegen. Aus diesem Grund muß ein Kunstrichter, der darauf ausgeht, sich einen richtigen Begriff von der antiken Dichtung zu machen, von den Ungereimtheiten der heidnischen Religionen absehen. Und unsere Nachwelt muß dieselbe Nachsicht mit ihren Vorvätern haben. Religionsprinzipien kann man keinem Dichter als Fehler ankreiden, solange es sich bloß um Prinzipien handelt und sie von seinem Herzen nicht so stark Besitz ergreifen, daß sie ihn dem Vorwurf der *Bigotterie* oder des *Aberglaubens* aussetzen. Wo das geschieht, verwirren sie die moralischen Gefühle und verschieben sie die natürlichen Grenzen zwischen Tugend und Laster. Es handelt sich dann nach dem vorerwähnten Grundsatz immer um Fehler, die nicht durch Berufung auf die Vorurteile oder falschen Ansichten des Zeitalters zu rechtfertigen sind.

Es gehört zur RÖMISCH-katholischen Religion, einen gewaltigen Haß auf alle anderen Formen der Gottesverehrung einzuflößen und alle Heiden, Mohammedaner und Häretiker als Ziel von Gottes Zorn und Rache darzustellen. Obwohl solche Gefühle in Wirklichkeit sehr tadelnswert sind, erscheinen sie in den Augen der Eiferer für jene Glaubensgemeinschaft als Tugenden und werden in ihren Tragödien und Epen als eine Art göttlicher Heroismus dargestellt. Solche Bigotterie hat zwei sonst sehr schöne Tragödien des FRANZÖSISCHEN Theaters verunstaltet, nämlich *Polyeucte* und *Athalie*, in denen ein ungezügelter Fanatismus für bestimmte Kultformen mit allem nur erdenklichen Pomp in Szene gesetzt wird und den Charakter der Helden überwiegend bestimmt. »Was geht hier vor?«, fragt der erhabene JOAD JOSABETH, als er sie im Gespräch mit MATHAN, dem BAALpriester, antrifft. »Spricht die Tochter DAVIDS mit diesem

Verräter? Fürchtest Du nicht, die Erde könnte sich öffnen und Flammen ausspeien, um Euch beide zu verzehren? Oder daß die heiligen Mauern niederstürzen und Euch zusammen unter sich begraben sollten? Was will er? Warum kommt der Gottesfeind hierher, um durch seine abscheuliche Gegenwart die Luft zu verpesten, die wir atmen?«[27] Solchen Äußerungen wird im Theater von PARIS viel Beifall gespendet; in LONDON dagegen würden die Zuschauer nicht weniger vergnügt sein, den ACHILL zu AGAMEMNON sagen zu hören, nach außen gebe er sich als ein kläffender Hund, aber in seinem Herzen sei er ein ängstliches Reh, oder JUPITER der JUNO eine ordentliche Tracht Prügel anzudrohen, wenn sie nicht endlich still sei.

In jedem Werk der schönen Literatur sind RELIGIONSgrundsätze ein Fehler, wenn sie sich zum Aberglauben auswachsen und jede Empfindung durchdringen, die zur Religion auch nicht in der entferntesten Beziehung steht. Der Dichter kann sich nicht damit entschuldigen, daß die Sitten seines Landes das Leben so sehr mit religiösen Zeremonien und Diensten überladen haben, daß kein Teil von diesem Joch ausgenommen war. Es wird immer lächerlich sein, wenn PETRARCA seine LAURA mit JESUS CHRISTUS vergleicht. Nicht weniger lächerlich ist es, wenn der sympathische Freigeist BOCCACCIO ganz ernsthaft GOTT, dem ALLMÄCHTIGEN, und den Damen für ihren Beistand gegen seine Feinde dankt.[28]

Anmerkungen

1 Verglichen mit dem Rationalismus Corneilles (1606–1684), gilt der zweite Hauptvertreter des klassischen französischen Dramas, Racine (1639–1699), als der gefühlvollere. Die Höherbewertung Racines durch das »Tribunal der Frauen« paßt also ins England der Zeit des sich entwickelnden Sentimentalismus, dem gerade auch Hume durch seine Kritik am philosophischen Rationalismus und durch die Betonung der ethischen Rolle der Gefühle die theoretischen Grundlagen bereitet hat.

2 Joseph Addison (1672–1719) übte besonders durch seine publizistische Tätigkeit als (Mit)Herausgeber von und Beiträger zu diversen Periodika einen bedeutenden Einfluß auf die Bildung des literarischen Zeitgeistes aus und galt im 18. Jahrhundert unangefochten als leuchtendes Beispiel für englischen Prosastil. Aus seinem Nachlaß stammt eine 1731 publizierte Schrift *Of the Christian Religion*, die sich durch eine kühle Sachlichkeit und völligen Mangel an religiösem Fanatismus auszeichnet. Mit den »erlesenen Diskursen über Religion« dürfte Hume aber vor allem die zahlreichen Aufsätze im Auge gehabt haben, die Addison religiösen Themen gewidmet und zum Beispiel in der berühmten Zeitschrift *The Spectator* (1711–1714) veröffentlicht hat.

Thomas Otway (1652–1685) war einer der Wegbereiter des literarischen Sentimentalismus. Seine Stücke hatten zum Teil einen lang anhaltenden Erfolg und wurden bis zur Mitte des 19. Jahrhunderts häufiger aufgeführt als die Stücke aller anderen Dramatiker, Shakespeare ausgenommen.

John Dryden (1631–1700) war die dominierende Figur der englischen Literatur in den letzten vier Jahrzehnten des 17. Jahrhunderts. Er betätigte sich nicht nur in diversen literarischen Genres, sondern wußte sich auch den politischen Wechselfällen seiner Zeit anzupassen: 1659 betrauerte er den Tod Cromwells; in der Restaurationsphase brachte er es zum poeta laureatus (1668); noch 1682 pries er die anglikanische Staatskirche – nach seiner Konversion zum Katholizismus (1686) vertrat er beredt den katholischen Standpunkt. Was Hume an Dryden gestört zu haben scheint, ist das Hohle seines pathetischen Stils; natürliche Gefühle und ihr angemessener Ausdruck sind das, was Hume von guter Literatur verlangte.

3 Humes Quelle für die Xerxes-Anekdote dürfte Cicero gewesen sein (vgl. *Tusculanae disputationes* V, 20). Dieser will damit allerdings die Unstillbarkeit des Lustverlangens belegen und die Anekdote als Argument gegen das Prinzip der Epikuräer verstanden wissen, daß das Glück in der Erfüllung des Verlangens nach Freude und Wohlbefinden bestehe.

4 Torquato Tasso (1544–1595) schildert in dem Epos *Das befreite Jerusalem* (1575) die Eroberung der Stadt im ersten Kreuzzug. Die Passage aus dem 14. Gesang, die Hume als Vorwurf für Damons Lied benutzt hat, ist dort Teil einer Zauber- und Verführungsszene, in der eine aus dem Wasser steigende Nymphe oder Sirene den Ritter Rinaldo vom Pfad der Tugend wegzulocken versucht. Die Strophen 62 bis 64 (in der Übersetzung von Karl Streckfuß von 1822) lauten:

O Jugend, wenn in deiner holden Blüte
Der junge Lenz noch deine Wangen schmückt,
Dann sei dein zarter Geist und dein Gemüte
Nicht von des Ruhms, der Tugend Glanz berückt!
Nur wer ergreift, wonach sein Herz entglühte,
Ist weise, wer die reifen Früchte pflückt.
So ruft Natur. – Soll sie vergebens locken?
Willst du für ihr Geheiß dein Herz verstocken?

Verschleudern wollt ihr Toren das Ergötzen,
Das euch Natur im kurzen Lenze gönnt?
Nur Namen ohne Gegenstand, nur Götzen
Sind, was als Preis und Wert die Welt erkennt.
Der Ruf, der wohl mit süßem Ton zu letzen
Die Stolzen pflegt, den ihr so reizend nennt,
Ist Echo, Traum, ja Schatten eines Traumes,
Vom Wind verweht, wie Blasen leichten Schaumes.

Der Leib genieß', an heitern Gegenständen
Befriedige der Geist der Sinne Lust!
Eilt, von vergangenem Leid euch abzuwenden,
Beschleunigt nicht, erwartend, den Verlust!
Laßt dann den Himmel seinen Blitz verschwenden,
Vernehmt sein Drohn mit sorgenfreier Brust!
Nur dies ist Weisheit, dies ein glücklich Leben,
So lehrt Natur, so hat sie's angegeben.

5 Anspielung auf Lukrez (97–55 v. Chr.), *De rerum natura*. Der Anfang des 2. Buches lautet:

> Süß ist's, anderer Not bei tobendem Kampfe der Winde
> Auf hochwogigem Meer vom fernen Ufer zu schauen;
> Nicht als könnte man sich am Unfall andrer ergötzen,
> Sondern dieweil man es sieht, von welcher Bedrängnis man frei ist.
> Süß auch ist es zu schaun die gewaltigen Kämpfe des Krieges
> In der geordneten Schlacht, vor eigenen Gefahren gesichert.
> Aber süßer ist nichts, als die wohlbefestigten heitern
> Tempel innezuhaben, erbaut durch die Lehre der Weisen:
> Wo du hinab kannst sehen auf andere, wie sie im Irrtum
> Schweifen, immer den Weg des Lebens suchen und fehlen;
> Streiten um Geist und Witz, um Ansehn, Würden und Adel;
> Tag und Nacht arbeitend mit unermüdetem Streben,
> Sich zu dem Gipfel des Glücks, empor sich zu drängen zur Herrschaft.

(Zitiert nach der deutschen Übersetzung von Karl Ludwig von Knebel, Leipzig ^{2}1831 in der Neuausgabe Frankfurt 1960, S. 47.)

Lukrez' Rede vom Kriegsgetümmel, auf das der Weise, selbst unbetroffen, herabblickt, nehme ich als Schlüssel, um Humes »rolling thunder« anachronistisch als ›Kanonendonner‹ zu übersetzen.

6 Anspielung auf die berühmte Zeile

> Dulce et decorum est pro patria mori

aus der 2. Ode aus dem 3. Buch der *Carmina*, in der Horaz die virtus, jenes Zwitterding aus Tüchtigkeit, Tugend und Tapferkeit besingt.

7 Wenn Hume behauptet, man könne das vergleichsweise kompli zierte geozentrische Weltsystem des Ptolemäus (tätig in Alexandria im 2. Drittel des 2. Jahrhunderts n. Chr.) ebenso gut kennen wie das ungleich einfachere heliozentrische System, das Kopernikus (1473–1543) in seinem Werk *Sechs Bücher über die Umläufe der Himmelskörper* (1543) entworfen hat, ohne wahrzunehmen, daß das zweite schöner ist als das erste, dann hat er damit zweifellos recht. Allerdings reflektiert er den merkwürdigen Umstand nicht, daß die größere Einfachheit und Eleganz, also die größere Schönheit des kopernikanischen Systems (mangels anderer Evidenz) ein Argument für seine theoretische Richtigkeit ist!

Anders liegt der Fall mit der Figur des Kreises. Richtig ist, daß in Euklids *Elementen* weder in der Definition des Kreises (1. Buch, 15. Definition) noch in der Behandlung der Geometrie des Kreises (3. Buch) die Schönheit die geringste Rolle spielt. Die Frage ist allerdings, ob eine reine geometrische Figur wie die des Kreises überhaupt ein Gegenstand ist, auf den ästhetische Prädikate wie »schön« oder »mißgestaltet« angewendet werden können.

8 Nach dem Vorbild Homers schildert Vergil (70–19 v. Chr.) in der *Aeneis* die Taten und Leiden des Helden Aeneas auf seiner siebenjährigen Irrfahrt durch das Mittelmeer, die ihn von Troja über Sizilien und Nordafrika schließlich bis an die Tibermündung führte.

9 Bei diesem Quasizitat des »berühmten Lehrsatzes« könnte Hume durchaus sich selbst im Auge gehabt haben. In seinem *Traktat über die menschliche Natur* ist ihm (im dritten Buch über die Moral) die Feststellung wichtig, daß moralische Qualitäten nicht eigentlich Eigenschaften der beurteilten Objekte, der Personen oder Handlungen, sondern bloß die Gefühle der Zustimmung oder der Ablehnung sind, die einer in seiner eigenen Brust empfindet. Hume fährt dann fort: »Vice and virtue, therefore, may be compar'd to sounds, colours, heat and cold, which, according to modern philosophy, are not qualities in objects, but perceptions in the mind« (S. 469 in der Ausgabe des *Treatise* von Selby-Bigge, Oxford ^{2}1978).

10 Sueton berichtet, daß der Kaiser Domitian (Regierungszeit 81 bis 96 n. Chr.) zu Beginn seiner Regentschaft die Angewohnheit besessen habe, sich stundenlang einzuschließen, Fliegen zu fangen und aufzuspießen (*De vita Caesarum*, Buch VIII, 3. Kap.).

Wilhelm II., genannt Rufus, war von 1087 bis 1100 König von England. Er fiel einem Jagdunfall zum Opfer, bei dem es sich aber wahrscheinlich um einen Mordanschlag gehandelt hat. Hume schildert den Hergang (im 5. Kapitel seiner *Geschichte von England)* als Unfall, schließt aber mit der Bemerkung: »Wilhelms Leiche wurde von Bauern im Wald gefunden und ohne jeden Pomp und Zeremonie in Winchester beigesetzt. Nur nachlässig erfüllten die Höflinge die letzten Pflichten gegenüber einem wenig geliebten Herrn; alle waren zu sehr mit der Bestimmung des Nachfolgers beschäftigt, um der Bestattung des toten Königs viel Aufmerksamkeit zu schenken.«

Alexander der Große (356–323 v. Chr.) schuf durch Kriegs- und Eroberungszüge in wenig mehr als zehn Jahren ein bis nach Indien reichendes, kurzlebiges Großreich.

11 Seneca (4 v. Chr.–65 n. Chr.) und nach ihm Epiktet (ca. 50–120 n. Chr.) sind die letzten bedeutenden Vertreter stoischer Philosophie. Im Zentrum ihres Denkens und Schreibens steht die Ethik, deren Ziel es ist, den einzelnen durch die rechte Betrachtung der Welt und ihrer Unabänderlichkeiten zu innerer Freiheit und Seelenruhe zu verhelfen.

12 Zitat aus Alexander Pope (1688–1744), *An Essay in Man* 1. 115–56. – Catilina (108–62 v. Chr.) war einer der Anführer der sogenannten zweiten catilinarischen Verschwörung mit dem Ziel eines Staatsstreiches im Sommer 63. Die Putschpläne wurden vom Consul Cicero aufgedeckt. Seit Ciceros rhetorischen Meisterstücken, den Reden gegen Catilina, gilt dieser als das Musterbild eines dreisten und korrupten Bösewichts. – Cesare Borgia (1474–1507) galt späterer Zeit als die Inkarnation des absolut bedenkenlosen Machtpolitikers, der zur Durchsetzung seiner Ziele vor Grausamkeit, List, Betrug und Mord nicht zurückschreckt. Diese Stilisierung läßt leicht vergessen, daß andere Herrscher jener Zeit, mit denen sich im geschichtlichen Bewußtsein aller Glanz der Renaissancekultur verbindet, auch nicht gerade zurückhaltend in der Wahl ihrer politischen Mittel gewesen sind.

13 Der Hinweis auf die Boshaftigkeit von Affen und die Wildheit von Tigern findet sich in Plutarchs Abhandlung *De ira cohibenda* nicht, wohl aber die Bemerkung, daß es töricht sei, sich über bellende Hunde und störrische Esel aufzuregen und sie für ihr Verhalten zu strafen (Plutarch, *Moralia* 461 f.).

14 Die von Cicero (106–43 v. Chr.) verfaßten philosophischen *Gespräche in Tusculum*, die sich um den Tod, das Leiden, das Wesen der Affekte und um die Natur der Glückseligkeit drehten, sind eine von Humes Hauptquellen. (Aber nicht nur Hume, alle die hommes de lettres haben aus ihr geschöpft.) Vielfältige, meist unausdrückliche Bezugnahmen auf die *Tusculanae disputationes*, die sich in Humes Texten über die Philosophenschulen finden, und andere Bezüge weist die Dissertation von Gudrun Müller nach: David Humes Typologie der Philosophen und der Lebensformen, Frankfurt-Bern-Cirencester 1980. So berichtet Cicero auch die

hier von Hume zitierte witzige Bemerkung des Antipater aus Kyrene (Tusc. disp., V, 112), von der er sagt, sie sei »zwar ein wenig unanständig, aber nicht dumm«.

15 Bernhard le Bovier, sieur de Fontenelle (1657–1757) war einer der bedeutendsten Wegbereiter der Aufklärung in Frankreich. Seine *Entretiens sur la pluralité des mondes* (1686, deutsch von Gottsched 1727) haben sehr wesentlich zur allgemeinen Verbreitung des kopernikanischen Weltsystems beigetragen. Es handelt sich um sechs fingierte Abendunterhaltungen zwischen dem Autor und der Marquise de G., einer unverbildeten, von der modernen Naturwissenschaft unbeleckten, aber mit großer natürlicher Verstandeskraft ausgestatteten Frau. Im fünften Gespräch geht es um die These, daß die Fixsterne auch Sonnen sind und die Mittelpunkte ihrer Welten bilden. Angesichts dieser unendlichen Mannigfaltigkeit von Welten in einem unermeßlich großen Universum beginnt der Gräfin unsere Erde als ein verschwindendes und gleichgültiges Nichts vorzukommen, und dieser Gedanke läßt ihr alle menschlichen Bestrebungen belanglos erscheinen. Darauf berichtet Fontenelle von der bei manchen Schreibern vertretenen Meinung, Aristoteles habe wohl davon gewußt, daß der Mond bewohnt sei, habe dies aber vor Alexander geheimgehalten, »aus Furcht, Alexandern zu beunruhigen, welcher in eine Verzweiflung geraten sein würde, wenn er eine Welt gesehen hätte, die er nicht erobern könnte. Um so viel mehr hätte man ihm die Fixsterne geheim halten müssen, wenn man sie zu der Zeit gekannt hätte«. Fontenelle fährt fort: »Mich anlangend, der ich dieses alles weiß, so verdrießt es mich, daß ich aus dieser Wissenschaft keinen Vorteil ziehen kann. Kömmt es hoch, so dämpfet sie, nach Ihrer Meinung, nur den Stolz und die Unruhe; und diese Krankheit habe ich nicht. Mein ganzer Zufall ist eine kleine Schwachheit gegen das schöne Geschlecht; und ich glaube, daß die Wirbel dawider nicht viel ausrichten werden. Die andern Welten machen Ihnen zwar diese Welt enge; aber sie berauben Sie nicht Ihrer schönen Augen und Ihres angenehmen Mundes. Dieses wird allen möglichen Welten zum Trotze! immer seinen Wert behalten.« (Zitiert nach der Übersetzung von Gottsched: Herrn Bernhards von Fontenelle Auserlesene Schriften, Leipzig 1771, S. 185 f).

16 Lukian aus Samosata (ca. 120–180 n. Chr.), der von Hume geschätzte Erz- und Oberspötter des Altertums, schildert in seinem Dialog *Die Höllenfahrt des Menippus* (dessen Echtheit allerdings

bezweifelt wird) das Los der Großen dieser Welt, die im Totenreich »betteln gehen oder aus Dürftigkeit Heringe verkaufen oder das Abc lehren und sich von jedem, der Lust dazu hat, mißhandeln oder ohrfeigen lassen müssen wie die verächtlichsten Sklaven«. Dort zeigt man auch den König Philipp von Makedonien (382–336 v. Chr.), den Vater Alexanders des Großen, wie er »in einem kleinen Winkel zusammengekauert saß und um Tagelohn Schuhe flickte« (zitiert nach Lukian, Sämtliche Werke, München u. Leipzig 1911, Bd. 2, S. 250).

17 Thukydides (460 – ca. 400 v. Chr.) berichtet von einer Flecktyphusepidemie, von der Athen im Sommer des Jahres 430 heimgesucht wurde. Dabei schildert er den Verfall der Sitten und wie die Leute »sich im Recht fühlten, rasch jedem Genuß zu frönen und zu schwelgern, da Lieb und Geld ja gleichermaßen nur für einen Tag seien. Sich vorauszuquälen um ein erwähltes Ziel, war keiner mehr willig bei der Ungewißheit, ob man nicht, eh' man's erreiche, umgekommen sei; aber alle Lust im Augenblick und was, gleichviel woher, dafür Gewinn versprach, das hieß nun ehrenvoll und brauchbar« (Geschichte des peloponnesischen Krieges II, 53, übersetzt von Peter Georg Landmann, Zürich 1960, S. 153).

In der Exposition der Rahmenhandlung zum *Decamerone* schildert Boccaccio (1313–1375) plastisch die unterschiedlichen Reaktionen der Menschen angesichts der Pest in Florenz im Jahre 1348. Während manche meinen, ein mäßiges, aber gutes Leben in strenger Abgeschiedenheit sei das Mittel, sich vor der Krankheit zu bewahren, »behaupten andere, die sicherste Arznei bei einem solchen Übel sei, reichlich zu trinken, sich gute Tage zu machen, mit Gesang und Scherz umherzuziehen, jeglicher Begierde, wo es möglich sei, Genüge zu tun und über das, was kommen werde, zu lachen und zu spotten« (zitiert nach *Das Dekameron*, deutsch v. Albert Wesselski, Frankfurt 1972, 1. Bd., S. 12 f.).

18 Plutarch (45–125 n. Chr.), dessen Werke eine unerschöpfliche Quelle der Reflexion über die menschlichen Dinge sind, steht hier als das Urbild literarischer gelehrter Bildung. Um ihn gruppieren sich der Satiriker Lukian, dem nichts heilig und dem nichts so verhaßt war wie religiöse Scharlatanerie; weiter Cicero als der Mann, der vor allem durch die Macht seiner Rede ein Mann der praktischen Tat war; ferner Seneca als das Muster des moralisch integren Philosophen. Ihnen treten von den Modernen an die Seite Montaigne (1533–1592), Skeptiker wie Hume und Meister jener Form

des Essays, in der auch Hume sein literarisch Bestes gegeben hat – und Shaftesbury (1671–1713), in dessen Werk sich lebendige klassische Bildung und die moderne Philosophie seiner Zeit amalgamieren und der Hume das Beispiel einer ungebundenen Intellektuellenexistenz gab, die auch er erstrebte. Die Reihe dieser sechs Namen ist zweifellos eine Art verstecktes Bekenntnis und formuliert Humes Bildungsideal.

19 Fénelon (1651–1715) verfaßte 1695/96 den Bildungsroman *Suite du quatriéme livre de l'Odyssée d'Homère, ou les adventures de Télémaque, fils d'Ulysse*, der – wie der Titel schon sagt – an das vierte Buch der Odyssee anknüpft und die Abenteuer beschreibt, die Telemach, der Sohn des Odysseus, auf der Suche nach seinem Vater erlebt.

20 John Ogilby (1600–1676) war Theaterunternehmer, Verleger, Drucker und Poet. Bedeutung erlangte er als Pionier in der Herstellung von Straßenkarten. Der Dichter Ogilby und Übersetzer von Homer, Aesop und Vergil ist dagegen hauptsächlich als Zielscheibe des Spotts von Dryden und Pope im Gedächtnis geblieben. Ogilby mit einem der größten englischen Dichter, mit John Milton (1608–1674), zu kontrastieren, beweist schlagend, was Hume meint.

John Bunyan (1628–1688) war ein sektiererischer Prediger und Verfasser religiöser Erbauungs- und Bekehrungsschriften – das Gegenteil also zum aufgeklärt bedachtsamen Addison (zu Addison vgl. Anmerkung 2).

21 Ariost (1474–1533), Autor des romanhaften Ritterepos *Orlando furioso (Der rasende Roland)*, greift in seiner Erzählung auf den Sagenkreis zurück, der sich um Karl den Großen und die Auseinandersetzung zwischen der Christenheit und den islamischen Sarazenen gewoben hat. Ariosts Gedicht ist übervoll von märchenhaften Motiven und phantastischen Geschichten und bildet eine immer wieder angezapfte Motivquelle der europäischen Literatur.

22 Vgl. Cervantes, *Don Quixote*, 2. Buch, 13. Kapitel.

23 Plato (428–347), Aristoteles (384–322), Epikur (342–270) und Descartes (1596–1650), also die drei Häupter der alten Philosophie und der Erneuerer eines platonisierenden Rationalismus – und mit ihnen die ganze abstrakte, das heißt lebensfern theoretische Philo-

sophie haftet nicht im Ansehen und im Gedächtnis der Menschen, wohl aber die Dichtung, vertreten durch den Komiker Terenz (190–159 v. Chr.) und den tiefsinnigen Vergil. Von Cicero bleibt, auch wenn seine kunstvoll eklektische Philosophie zerstoben ist, die Erinnerung an den machtvollen Redner. Humes Botschaft ist klar: Weil sich die Menschen nicht ändern, was ihre Gefühle und Affekte angeht, sind Poesie und Rhetorik, wenn sie die emotionale Natur des Menschen treffend schildern, unvergänglich. Die theoretischen Überzeugungen der Menschen ändern sich dagegen; und darum ist Philosophie als Wissenschaft – man könnte hinzufügen: gerade sofern sie fortschreitet – vergänglich.

24 Beim Namen Ovids denken wir gewöhnlich zuerst an den Verfasser von Liebesgedichten sowie der *Ars amatoria*, dann an den Dichter der *Metamorphosen* und so gut wie nie an den Mann, dem es gelang, das umstürzende Erlebnis seiner Verbannung ans Ende der antiken Welt in ergreifende Dichtung umzumünzen. Dieses stereotype Bild vom Dichter Ovid (43 v.–17/18 n. Chr.) leitet offenbar auch Hume, wenn er Ovid zum Lieblingsautor für die Zwanzigjährigen erklärt. Ein stereotypes Moment liegt auch in Humes Zuweisung von Horaz an die Vierzigjährigen und von Tacitus an die Fünfzigjährigen. Der auf Ausgleich und Maß bedachte, patriotische Horaz steht für den Mann des praktischen Lebens, der den Gefühlsüberschwang der Jugend hinter sich gelassen hat und dem seine Pflichten und Verantwortlichkeiten besonnenes Handeln abverlangen. Tacitus schließlich, also kein Dichter, sondern ein Historiker, symbolisiert in Humes Trias die Haltung dessen, der dem tätigen Leben allmählich entrückt und von der Alterswarte einen konstatierenden Blick zurückfallen läßt auf das, was gewesen ist.

25 Sowohl in der *Andria* (»Das Mädchen aus Andros«) von Terenz als auch in der *Clizia* (einer Plautus-Adaptation) von Nicolo Machiavelli (1469–1527) sind die weiblichen Hauptpersonen, um die sich die verwickelte Komödienhandlung jeweils dreht, persona muta: Beide erscheinen nicht auf der Bühne. Humes Einschätzung, daß dergleichen in Paris und London nicht goutiert werde, aber dem Geist des Altertums und der Gesinnung Italiens entspreche, ist unverständlich, wenn man den dramaturgischen Witz eines Intrigenspiels aus Täuschung und Irrtum bedenkt, das sich um eine unsichtbare, also dramatisch inaktive Mitte dreht.

26 Zitat aus Horaz, *Oden* 3. Buch, 30. Stück, 1. Zeile:
»Exegi monumentum aere perennius«.

27 *Polyeucte Martyr* (»Der Märtyrer Polyeuktos«) ist eine Tragödie von Corneille, die die Bekehrung des Armeniers Polyeuktos und sein Martyrium zum Inhalt hat, das er erleidet, weil Polyeuktos für die Lästerung der heidnischen Götter Roms von seinem eigenen Schwiegervater zum Tode verurteilt wird. Durch seinen Tod aber trifft der Gnadenstrahl des Glaubens auch die Frau von Polyeuktos und seinen Schwiegervater, die beide Christen werden.

Athalie, ein von Voltaire hochgelobtes Stück von Racine, behandelt einen biblischen Stoff, nämlich den Sieg Gottes über die heidnischen Götter und ihre Anbeter, hier verkörpert in Athalja, der baalgläubigen Königin von Juda (Könige 2,11 u. Chronik 2,22 f). Hume bezieht sich auf die 5. Szene des 3. Aktes. – An dieser Stelle sieht sich der Verfasser der ersten deutschen Übersetzung dieses Essays, dessen Text 1759 in Quedlinburg und Leipzig erschien, gedrungen, eine Anmerkung zur Verteidigung Racines anzubringen: In der angezogenen Szene spreche nämlich nicht etwa der Dichter selber so wenig christliche Religionsgrundsätze aus, sondern lasse den jüdischen Hohepriester zu Wort kommen, der (seinen eigenen Religionsgrundsätzen gemäß) zu einem aus Bosheit Abgefallenen nicht anders sprechen könne, als er es tut. Ein subtiler Antisemitismus also, der uns vorgaukeln will, das Christentum kennte religiösen Fanatismus schlechterdings nicht.

28 Francesco Petrarca (1303–1374) ist der Verfasser der Gedichtsammlung *Canzoniere*. Deren Hauptstück bilden die Sonette an Laura, die die unerfüllte Liebe des Dichters besingen und die nach Lauras Tod die Wandlungen beschreiben, die der Dichter durchläuft: von Trauer über Melancholie zu christlicher Ergebenheit. Hume könnte das vierte der Sonette an Laura im Auge gehabt haben, in dem Patrarca Lauras Geburtsort mit Bethlehem und ihre Geburt mit dem Aufgang einer Sonne vergleicht. Die letzten sechs Zeilen lauten:

> Di sé nascendo a Roma non fe' gratia,
> a Giudea si, tanto sovr'ogni stato
> humiltate exaltar sempre gli piaccque
>
> ed or di picciol borgo un sol n'a dato,
> tal che natura e l'uogo si ringratia
> onde si bella donna al mondo nacque.
>
> (Nicht Rom hat er mit seiner Wieg' entzücket,
> Judäa war's; und wie zu Glanz und Wonne
> Die Demut er vor allen stets erkoren,

Sandt' er aus kleiner Stadt uns eine Sonne;
Drob fühlen sich Natur und Ort beglücket,
Wo solche Schönheit war der Welt geboren.)

(Deutsche Übersetzung von Karl Förster, Leipzig [2]1833, in der Auswahlausgabe Mainz 1987.)

Im *Decamerone*, in der Vorrede zum vierten Tag, schreibt Boccaccio, er wolle »mit Gottes Hilfe und mit der, die ich von Euch, Ihr liebenswürdigen Damen, erhoffe, und mit Geduld gewappnet«, seinen Neidern widerstehen und fortfahren, Geschichten zu erzählen, zum Beispiel von denen, »deren Liebe ein unglückliches Ende genommen hat«. Man mag kaum glauben, daß der Freigeist und lebenslange Junggeselle Hume, der sich schmeichelte, er habe in seinem Leben keinen Grund gehabt, mit der Aufnahme unzufrieden zu sein, die er bei sittsamen Frauen gefunden habe, dies nebensächliche Fitzelchen bei Boccaccio wirklich als Beispiel einer unziemlichen Vermischung von Religion und Allzuweltlichem angesehen haben sollte.

Nachwort

Jeder weiß, daß David Hume (1711–1776) zu den Klassikern der europäischen Philosophie gehört, daß er ein Empirist und Skeptiker, ja vielleicht sogar ein Skeptizist gewesen ist und daß ihm das unschätzbare Verdienst zukommt, den großen Kant aus seinem dogmatischen Schlummer gerissen zu haben. Es stimmt, daß Hume ein mehrbändiges philosophisches Werk, den *Traktat über die menschliche Natur* verfaßt hat, den er als den Versuch ankündigt, die experimentelle Methode des Räsonierens auf moralische Gegenstände anzuwenden. Der unbefangene Leser dieses Buches wird den Eindruck haben, daß nichts dergleichen geschieht: eigentlich moralische Gegenstände werden erst im dritten Buch behandelt, Experimente, die man ja mit Menschen entweder gar nicht machen kann (weil sie sich nun einmal nicht herumstoßen lassen wie die berühmten Billardkugeln des Herrn Malebranche) oder die man zumindest nicht machen sollte, finden überhaupt nicht statt, und Humes Räsonnements sind in ihren Voraussetzungen oft nicht weniger verwickelt und in ihren Konsequenzen vom Wege des gemeinen Verstandes nicht weniger weit abführend als die irgendeines Werkes verstiegener philosophischer Spekulation. Das, mit Verlaub, kann zwar nicht das letzte Wort über Humes philosophisches Jugend- und Hauptwerk sein, vielleicht aber doch ein erstes.

Der *Traktat* gehört heute zu den klassischen Werken der philosophischen Literatur. Als das Buch 1739/40 erschien, war es, gemessen am Lebensplan seines ambitionierten Autors, ein Mißerfolg. Es fiel, behauptete Hume später, »als Totgeburt aus der

Presse«; jedenfalls erfüllte es seine Hoffnung nicht, seine Qualifikation für die Position eines Professors zu belegen. Einmal hat er Professor für Pneumatologie, das andere Mal Professor für Moralphilosophie werden wollen; beides zerschlug sich. War das ein Unglück? Für David Home of Ninewells gewiß. Der junge Abkömmling aus schottischem Adel (der sich schon bald konsequenterweise nur noch »Hume« schrieb, weil sich die tonangebenden Brüder im Vereinigten Königreich nicht merken konnten oder wollten, daß in Schottland nun mal anders geschrieben und gesprochen wurde) hatte nichts geerbt; die Ländereien erhielt sein Bruder (der damit – nach Auskunft des zu kurz Gekommenen – zu wirtschaften und zu prosperieren verstand und von dem die Geistes- und Kulturgeschichte kein Wort weiter zu vermelden weiß). Eine Universitätskarriere hätte David Hume also zweifellos sein Auskommen gesichert. Aber hätte er dann noch geschrieben, womit er nach dem *Traktat* die Nachwelt beschenkt und bereichert hat?

Das wissen wir natürlich nicht. Genug, daß Hume kein Professor wurde und statt dessen alles mögliche tat: Er war Erzieher oder besser der Aufseher eines geistesgestörten jungen Lords, war Privatsekretär bei Militärs und Diplomaten, war Bibliothekar in Edinburgh, Gesandtschaftssekretär in Paris, Unterstaatssekretär in London und schließlich Privatier in Edinburgh – und er ist bei alledem tatsächlich geworden, was er von Jugend an hat werden wollen: ein homme de lettres. Aus dem *Traktat* machte er zwei weitere philosophische Bücher, die *Untersuchungen über den menschlichen Verstand* und *Über die Prinzipien der Moral*. Er verfaßte eine mehrbändige *Geschichte Englands* (von Cäsars Zeiten bis zur »Glorreichen Revolution« von 1688). Und er schrieb eine größere Zahl von

Essays und Abhandlungen unterschiedlichen Umfangs und zu diversen Themen. In mehreren Sammlungen hat er sie herausgegeben. Zwei Bände unter dem Titel *Essays – Moral, Political and Literary* erschienen bereits 1741 und 1742 und begründeten seinen Ruhm. Ihnen sind die hier abgedruckten Aufsätze entnommen, bis auf die Abhandlung über den Geschmack, die zuerst 1757 erschienen ist.

Dem zweiten Band dieser Essays stellte Hume das kleine Stück *Über Essayschreiben* voran, das in späteren Auflagen fehlt und in den heutigen Ausgaben von Humes Schriften in der Abteilung *Essays withdrawn and unpublished* zu finden ist. Gewiß ist das kein schwergewichtiger Text, aber allein schon als Beispiel für den typischen Tonfall und die leichte Hand des 18. Jahrhunderts ist er des Lesens wert. Außerdem ist er programmatisch bedeutsamer als der Zweck, zu dem er verfaßt wurde. Hume plante offensichtlich so etwas wie eine Wochenschrift nach Art der teilweise sehr erfolgreichen und im England jener Zeit überaus beliebten unterhaltsamen und bildenden Periodika. Der Essay *Über Essayschreiben* war als Auftakt gedacht. Es ist gut möglich, daß Hume sich die sehr erfolgreichen *Entretiens sur la pluralité des mondes* von Fontenelle (s. o. Anmerkung 15) zum Vorbild genommen hat, in denen einer unverbildeten, aber sehr verständigen Frau das moderne Weltsystem gesprächsweise und nach Art eines galanten sokratischen Dialogs nahegebracht wird und das dadurch eine besondere Beglaubigung erfährt, daß es ganz zwanglos, undoktrinär und wie von selbst ein mit natürlicher Vernunft begabtes Wesen für sich gewinnt. Gewiß hatte Hume mit der Sphäre der Konversation, in der die gebildeten Damen den Ton angeben, zuerst einmal, wie er hoffte, eine begierige Leserschaft, also potentielle Käufer im Auge. Nimmt man aber den Begriff der Konversation und die in Humes Text beschriebene Funktion des Essayisten als eines Gesandten, ja vielleicht noch mehr als eines Handelsattachés, der den Austausch zwischen den zwei Reichen der gebildeten Welt zu vermitteln hat, nicht eng, so stellt sich die Gliederung der gebildeten Welt in die zwei Reiche der Wissenschaft und der Konversation als das Modell einer Gesellschaft dar, deren Lebenselement das Gespräch ist, die darüber hinaus mit spezialisierten Gelehrten über ein Reflexionsmedium verfügt, in dem die das Leben der Gesellschaft bestimmenden moralischen, politischen und literarisch-kulturellen Themen und Fragen einer theoretischen Analyse unterzogen werden, und die in der Form literarischer Agenturen sozusagen ein Röhrensystem besitzt, das für den Austausch zwischen den beiden Sphären sorgt.

Man wird sagen, daß dieses schöne Modell einer funktionierenden innergesellschaftlichen Kommunikation, wenn es denn überhaupt je Wirklichkeit war, jedenfalls an Bedingungen geknüpft ist, die im 18. Jahrhundert bestanden haben mochten, heute aber nicht mehr gegeben sind. Die gesellschaftliche Schicht derer, die sich an diesem literarisch vermittelten Austauschprozeß beteiligen konnten, die Schicht der Gebildeten, war relativ dünn. Verglichen mit der Ausbreitungsgeschwindigkeit der heutigen Massenmedien, waren das Buch und die Periodika jener Zeit ungeheuer langsam. Der Verbreitungsgrad innerhalb der gebildeten Schichten war andererseits vergleichsweise hoch. Denn die Bücher, die erschienen, konnten auch gelesen werden, anstatt in Massen von Titeln unterzugehen. Und das internationale Interesse war bedeutend, so daß Übersetzungen schon relativ bald erschienen. Nicht nur die nationale Konversation, sondern ein europaweites Gespräch vermittelte sich auf diese Weise. Ist die Idee der literarischen Kommunikation über das Buch angesichts der gesellschaftlichen und politischen Veränderungen, die in den vergangenen 200 bis 250 Jahren Platz gegriffen haben, also obsolet? Man wird es sehen. Vielleicht liegen die Chancen der, oder vorsichtiger: einer Buchkultur darin, daß das Buch, auch wenn es mit modernsten Techniken hergestellt wird, etwas so herrlich Altmodisches ist. Gerade ihre Langsamkeit (Bücher brauchen in beinahe jeder Hinsicht viel Zeit) und ihre unaufdringliche Verfügbarkeit (Bücher »stürzen nicht ab«, sie flimmern und sie plärren nicht) machen Bücher zum idealen Medium der Reflexion; das ist ihr Kapital. Eine geradezu ideale Form dieser Reflexion ist der Essay. Fand die literarisch vermittelte Gesprächskultur in ihm ihren adäquaten Ausdruck, sofern der Essay als Form den Charakter einer Wortmeldung hat, die dazu dient, Hinweise zur Sache zu geben, Aspekte zu beleuchten sowie Gesichtspunkte zu versammeln oder eine reflektierte und begründete Meinung vorzutragen, so kommt dem Essay heutzutage auch deshalb wieder eine besondere Bedeutung zu, weil nach dem Ende des Zeitalters der totalitaristischen Ideologien ein vernünftiger öffentlicher Konsens sich nur über den Markt der Meinungen herstellen kann. Ob uns ein solcher literarisch reflektierter Konsens in der Konkurrenz mit den schnellen Medien gelingen wird, ist eine andere Frage.

Ein anderer Aspekt der von Hume ins Auge gefaßten Allianz zwischen der Sphäre der Konversation und der gelehrten Welt bereitet eher Schwierigkeiten. Nicht freilich die Tatsache, daß er diese Allianz nicht nur als Kooperationsbündnis, sondern zugleich auch als eine Verteidigungsliga propagieren zu müssen glaubte. Das ist heute so aktuell wie ehedem, als Hume und viele andere Aufklärer die Erfahrung machen mußten, daß die öffentlichen Medien nicht nur für den zivilisierten Austausch von Argumenten und Meinungen gut waren, sondern als ausladende Kanzeln auch Ideologen und Propagandisten für den wirkungsvollen Einsatz ihrer Rhetorik zu Gebote standen. Hume selbst ist wegen seines Freidenkertums Zielscheibe öffentlicher Angriffe gewesen, die der Sache nach vielleicht haltlos und sicher unfair gewesen sind und nur das Unangenehme hatten, unter den schablonenhaften Vorwürfen des Atheismus, des Skeptizismus und des Immoralismus eine moralische Diskreditierung des Angegriffenen mit sich zu bringen. Unter entsprechenden Rezeptionsbedingungen im Publikum sind solche Manöver damals wie heute nur allzu leicht erfolgreich. Hume hat darauf aber nicht wie die rationalistisch gesinnte Aufklärung mit einer Verdammung der Rhetorik reagiert. Er konnte es nicht. Dazu war er selbst viel zu sehr Rhetoriker, auch Ironiker und in das Wort und in die Möglichkeiten der Verstellung und Selbstinszenierung durch das Wort verliebt. Er war von der Macht der Rede überzeugt, aber auch davon, daß diese Macht ein im gesellschaftlichen Leben der Menschen notwendiges Element sei. Denn wenn es stimmt, wie er lehrte, daß den Menschen einerseits seine Leidenschaften (seine Vorlieben und Abneigungen) und andererseits seine »beliefs« (also Überzeugung und Fürwahrhalten) im Handeln leiten und dabei die Überzeugungen und Meinungen etwas sind, dessen Zustandekommen mehr dem fühlenden als dem denkenden Teil der menschlichen Natur zuzurechnen ist, dann muß der Rhetorik überall dort ein legitimer Platz eingeräumt werden, wo es um das Gewinnen der Herzen geht, und sei es auch bloß, um der Vernunft in den Angelegenheiten der Menschen und ihrer Gesellschaft zum Durchbruch zu verhelfen.

So weit, so gut, wenn man nur immer sicher wüßte, worin sie besteht: die Vernunft! Nach Orientierungswissen, wie man das heute nennt, hat noch jedes Zeitalter verlangt – und seit alters hat die Philosophie versprochen, es in der Form von Anweisungen zum glücklichen, zum guten Leben zu geben. Daß sie dazu imstande sei, bezweifelt Hume nicht nur, sondern er glaubt – durch Philosophie (freilich: wie er sie versteht) – zeigen zu können, daß sie das nicht vermag. Kann sie es aber nicht, dann geht die Bindung der Rhetorik an vernünftige Einsicht, geht der Zusammenhang von Verstand und Gefühl verloren. Wer wie Hume die Schwäche der Vernunft und ihre praktische Wirkungslosigkeit so sehr betont, darf sich nicht wundern, wenn er als Verteidiger des Sentiments und als Antirationalist gelesen und zum Kronzeugen der Gegenaufklärung aufgerufen wird. Das wollte Hume gewiß nicht sein. – Die vier zusammenhängenden Essays: *Der Epikuräer*, *Der Stoiker*, *Der Platoniker*, *Der Skeptiker*, sind nicht nur ein schönes Beispiel für jenen Austausch und Warenverkehr zwischen der Sphäre der Konversation und der gelehrten Welt, sondern auch ein Zeugnis für jene Art kritischer Aufklärung, der Hume sich verpflichtet fühlte.

Es mag wahr sein, wie Freud schrieb, daß im Plan der Schöpfung die Absicht, daß der Mensch glücklich sei, nicht enthalten ist, und es mag daher ein weiser Philosophenrat sein, vom Leben kein allzu großes Glück zu erwarten, da es die menschliche Natur nicht verstatte (siehe oben Seite 67). Schwerlich aber werden die Menschen jemals aufhören, nach dem Glück zu streben und, da sie mit Sicherheit keine angeborene Idee vom Glück haben, danach zu fragen, worin ihr Glück, das gute und für sie richtige Leben bestehe. Drei Antworten, die die Liebe zur Weisheit gefunden hat, stellt Hume uns vor – in den freilich leicht karikierten und schablonenhaften Figuren des epikuräischen Genuß- und Gegenwartsmenschen, im stoischen Selbsterzieher und Moralisten und im platonischen Weltentsager und Betrachter der Heimat unserer Seelen: der ewigen Gottheit. Es wird dabei natürlich nicht beansprucht, in irgendeiner Weise den antiken Philosophenschulen gerecht zu werden. Humes Platoniker hat mit Plato nur sehr entfernt zu tun, sein Stoiker macht Anleihen beim Epikuräer Lukrez, und der Skeptiker schließlich, in dem wir getrost den Autor selber erkennen dürfen, ist niemand anders als ein aufgeklärter Kritiker, der im Lichte der Philosophie, das heißt der Wissenschaft seiner Zeit, die Weisheitsansprüche der Philosophie prüft – und verwirft. Denn gerade die wissenschaftliche Betrachtung des Menschen zeigt, daß es praktische Philosophie nicht gibt und nicht geben kann: Ihre Anweisungen zum seligen Leben können nicht für jedermann gelten; dazu sind die Menschen von Natur aus zu verschieden. Ihre praktischen Ratschläge sind wohlfeil und gehen über die offenen Geheimnisse allgemeiner Lebensklugheit nicht hinaus. Oder sie gehen am Ratsuchenden vorbei, wenn der Betreffende irgend etwas anderes als seinen Lebensinhalt betrachtet, als es der weise Ratgeber im Auge hatte. Weiter hat die Philosophie keine wirksamen Trostgründe für das Elend der Menschen zur Hand. Die Heilmittel der viel gepriesenen medicina mentis sind unwirksam oder müßten, wären sie wirksam, so giftig sein, daß sie mit den Krankheiten auch gleich alle gesunden Teile der Seele abtöteten. Das etwa sind Humes Einwände. – Weg also mit den Werken der Alten, mit Cicero, Seneca, Epiktet oder den Schatzkammern antiker Lebensweisheit und Sentenzen: Plutarchs *Moralia?* Keineswegs! Wem es Vergnügen macht, sich mit den Fragen nach Tod, Schmerz, Glück und Seelenruhe zu beschäftigen, der gehe seinem Bedürfnis nach. Nichts Herrlicheres gibt es für ihn als das Reich der philosophischen Literatur. Nur schwinge sich niemand zum philosophischen Präzeptor und Weisheitlehrer auf! Denn, wie gesagt, eine verbindliche praktische Philosophie gibt es nicht: »Im menschlichen Leben regiert der Zufall mehr als die Vernunft; es ist wohl eher als ein langweiliger Zeitvertreib denn als ernsthafte Beschäftigung anzusehen; und es wird stärker durch Augenblickslaunen als durch allgemeine Prinzipien beeinflußt.« (Siehe oben Seite 70.)

De gustibus non est disputandum, daß über Geschmack nicht zu streiten ist, also auch in der Frage nach dem Glück und dem richtigen Leben? – Am Ende ja. Aber das bedeutet natürlich nicht, daß die Konversationen über das Glück und über das gute Leben nicht auch weiterhin zu den unerschöpflichen Themen literarischer Kommunikation gehörten. Menschheitsfragen, auch wenn sie nicht gelöst werden können, hören darum nicht auf, Menschheitsfragen zu sein. – Und wie steht es mit der Wahrheit dieser Sentenz in dem ihr angestammten Bereich, auf dem Felde des Geschmacks im wörtlichen Sinne von Zunge und Gaumen und des Geschmacks im übertragenen Sinne als Urteilsvermögen über das Schöne und Mißgestaltete? – Überraschenderweise nicht zum besten, meint Hume, obwohl der Satz den Segen des gesunden Menschenverstandes besitzt und dieser in Humes Augen nun wahrlich etwas ist, über dessen Autorität man sich nicht leicht hinwegsetzen darf.

Aber Common sense bewahrt vor Irrtum nicht; und die Wissenschaft, meint Hume, lasse uns erkennen, daß es – entgegen allem Anschein und trotz der Tatsache, daß sich die Menschen in ihren ästhetischen Urteilen nicht nur erheblich unterscheiden, sondern gewöhnlich auch keine Möglichkeit haben, sich über »wahr« und »falsch« in diesen Dingen zu verständigen – daß es also gleichwohl einen *Maßstab des Geschmacks* gebe. Das Ergebnis dieser Untersuchung ist so überraschend, daß man sich verwundert die Augen reibt. Denn welches ist der Maßstab des rechten Geschmacks, dem man sich also abweichendenfalls zu unterwerfen hätte? Es ist das vereinte Urteil der Schar wahrer Kritiker! Freilich: Nicht jeder, der sich dafür ausgibt, ist ein solcher. Und die wahren (das heißt objektiv richtig urteilenden und darum verläßlichen) Kritiker zu erkennen, ist auch nicht leicht – oder eigentlich doch leicht, denn man soll sie am gesunden Urteil und an der herausragenden Stellung erkennen können, die diese Leute in der Gesellschaft einnehmen. – Da wundert man sich doch und fragt sich, ob man mit Hume nun nicht genau beim Gegenteil des Versprochenen angelangt ist: Gerade nicht bei einem objektiven Maßstab des Geschmacks, sondern bei einer Beschreibung der Trendsetter- und Meinungsführerschaftsfunktion, die ihren soziologischen Sinn haben mag, die aber gewiß nichts mit objektiver Erkenntis oder Wahrnehmung zu tun hat.

Humes Gedanke zehrt davon, daß er eine Analogie wörtlich nimmt: auch der ästhetische Geschmack ist ihm ein Sinn, ein Wahrnehmungsorgan, das bei einigen Leuten gut, bei anderen besonders gut und bei vielen schlecht funktioniert. Nur hat es den Nachteil, daß es nicht mit Hilfe von Brillen verbessert werden kann, sondern im Falle seiner Dysfunktion sich von denen korrigieren lassen muß, die mit guten Organen ausgestattet sind. – Typisch 18. Jahrhundert? Gewiß; aber Humes Abhandlung ist nicht allein deshalb lesenswert, sondern liefert auch Stoff zu grundsätzlicherem Nachdenken. Denn was bedeutet es für das Verständnis unserer selbst, daß wir die tiefsitzende Neigung haben, die für unseren Umgang miteinander so eminent wichtigen spontanen Urteile und Stellungnahmen als Funktionen von Sinn und Gefühl, also wie körperliche Vermögen zu verstehen? Humes Leitgedanke in der Abhandlung über den Geschmack ist es, diese Analogie ganz ernst zu nehmen und zur Lösung eines der wichtigsten Probleme der Ästhetik des 18. Jahrhunderts zu verwenden. Die große Ähnlichkeit nämlich, die er zwischen dem Sinnengeschmack und dem ästhetischen Geschmack zu erkennen glaubt, setzt Hume in die Lage, sowohl so etwas wie die Naturgesetze ästhetischer Qualitäten zu reklamieren als auch die unbestreitbare Mannigfaltigkeit der Geschmacksurteile durch Differenzen in der Sensibilität und der Funktionstüchtigkeit unserer geistigen Wahrnehmungsorgane zu erklären. Dieser Gedankengang ergibt nun seinerseits nur Sinn vor dem Hintergrund der Überzeugung, daß es so etwas gibt wie eine Natur, die den Menschen ausmacht, nicht sofern er ein tierisches Lebewesen, sondern sofern er ein verständiges, ein fühlendes, ein von Leidenschaften bewegtes und (zumindest manchmal) moralisch handelndes Wesen ist. Die ganze Mannigfaltigkeit der Äußerungen dieses geistigen Tieres ist, meint Hume, ebenso aus Natur, nämlich aus den Konstanzen und Variabilitäten der menschlichen Natur zu erklären, wie Galilei und Newton es vermochten, die unendliche Mannigfaltigkeit der physischen Bewegungsphänomene aus der einfachen Natur der Körper herzuleiten. Aus diesem

Gedanken ergibt sich Humes Begriff der Philosophie: Sie ist ihm gleichbedeutend mit Wissenschaft, und zwar in erster Linie Tatsachenwissenschaft. Solche Wissenschaft muß empirisch betrieben werden, und das heißt durch Beobachtung und durch die Sammlung von Erfahrungen, wo Experimente im engeren Verstande nicht möglich sind. In diesem weiten Sinne hat man die »experimentelle Methode« zu verstehen, von der Hume im Untertitel zu seinem *Traktat* spricht. Philosophie ist Hume zwiefältig; sie ist nämlich entweder »natural philosophy«, das ist Naturwissenschaft, oder »moral philosophy«, das ist die Wissenschaft von jener anderen, der menschlichen Natur, die die mentalen Phänomene und das Verhalten der Menschen erklärt, sofern es keine rein physiologische Gegebenheit ist.

Humes Abhandlung über den Geschmack ist ein Beispiel für diese Tatsachenwissenschaft von der menschlichen Natur, für die »moral philosophy« also. Und diese Tatsachenwissenschaft von der menschlichen Natur ist ebenfalls die Grundlage seiner Kritik der praktischen Philosophie. Genauer ist es die Erkenntnis, daß der affektive Charakter, den die Erscheinungen der uns umgebenden Welt jeweils für uns haben, wesentlich durch das Gewebe des jeweiligen individuellen Geistes mitbestimmt wird, der den Dingen begegnet. Humes Kritikpunkt ist eigentlich nicht, daß die Rezepte der Weisheitslehren völlig nutzlos und ihre Betrachtungen schlechterdings verfehlt wären, sondern daß die angebotenen moralischen Reflexionen und philosophischen Trostgründe etwas eigenartig Unkräftiges, daß sie den Charakter der bloßen Selbstbestätigung haben, sofern sie immer nur jene überzeugen, die sie gewissermaßen schon überzeugt haben, und diejenigen gar nicht erreichen, die

die Vorbedingung der Zustimmung nicht erfüllen. Mit einem Wort: Die Menschen sind, wie sie nun einmal sind, und daran ändern moralische Reflexionen so gut wie nichts, und alle Anstrengungen, ein anderer zu werden, als man ist, bewirken allenfalls auf Umwegen ein wenig. Dieses Faktum entzieht gewissen vorsichtigen Verallgemeinerungen, wie sie Hume im *Skeptiker* vorträgt, selbstverständlich nicht den Boden, aber ein philosophisches Arkanum, das über die Offensichtlichkeiten des menschlichen Lebens hinausginge, gibt es nicht.

Nun finden sich in den hier wiedergegebenen Essays wenigstens zwei Stellen, die Anlaß sein können, den Begriff der menschlichen Natur, und das heißt nicht nur einen Zentralbegriff aus Humes Philosophie, sondern ebenso einen Zentralbegriff der Aufklärung insgesamt, einer neuen Prüfung zu unterziehen. Da ist einmal der Schluß der Abhandlung über den Geschmack: Hier zerbröselt einem die sorgfältig gefügte wissenschaftliche Erklärung gleichsam unter den Händen, wonach der richtige Geschmack nichts anderes als ein ungestört funktionierendes, gesundes Empfindungs- oder Wahrnehmungsvermögen ist und alle Uneinigkeit unter den Menschen aus den mannigfaltigen Defekten dieses Organs herrührt, wenn Hume auf einmal eingesteht, daß Divergenzen im Geschmack auch durch unterschiedliche Gemütsverfassungen und die verschiedenen Sitten und Meinungen verschiedener Zeitalter verursacht sein und dann nicht als richtiger und falscher Geschmack einander gegenübergestellt werden können. Denn dabei handelt es sich ja sicher nicht um Organdefekte, sondern zum einen um natürliche Variationen und zum andern um Geschmacksbedingungen, die dem historischen Wandel unterworfen sind. Doch wie weit reichen die bestimmenden Momente, die dem geschichtlichen Wandlungsprozeß unterworfen sind? Und wie weit geht die Variabilität der menschlichen Natur, als deren konstanten Charakterzug Hume es einmal bezeichnet hat, wenigstens in gewissem Umfang irregulär und nicht konstant zu sein? Was, wenn es so ist, bleibt dann von den Gesetzen der menschlichen Natur als gewisse Daumenregeln und ungefähre Allgemeinheiten, die mit fast beliebigen individuellen Abweichungen verträglich sind?

Die andere Überlegung, die ein skeptisches Licht auf den Begriff der menschlichen Natur fallen lassen kann, geht von Humes richtiger Beobachtung aus, daß moralische Reflexionen, seien sie lebenszielbestimmender, aufmunternder oder tröstender Natur, in der Tat das gewissermaßen Tautologische an sich haben, stets eigentlich nur demjenigen etwas zu sagen und zu bedeuten, der sich schon den betreffenden Gesichtspunkt zu eigen gemacht hat. Hume deutet diesen Sachverhalt nach einem, wie man es nennen könnte, Resonanzmodell: Nur die schon vorhandenen Saiten der Seelen können zum Klingen gebracht werden, aber die Bogenstriche moralischer Reflexionen erzeugen kein neues Instrument. Wenn Hume so denkt, wird er bloß der eigenartigen Tatsache nicht gerecht, daß wir Menschen offenbar ein unstillbares Bedürfnis haben, uns mit uns selbst und mit anderen auch über die Selbstverständlichkeiten des Lebens und die Trivialitäten einer geteilten Lebensform immer von neuem zu verständigen. Dem Bilde gemäß würde das heißen, daß wir offenbar darauf angewiesen sind, die Saiten, die in uns sind, auch klingen zu hören. Könnte dann aber nicht der ephemäre Klang, das Momentane der Erlebnisse und das Vergängliche der Empfindungen und Gefühle, die wir haben, ebenso wichtig sein, wenn nicht viel eher unser Wesen ausmachen als der konstante, an sich aber stumme Resonanzapparat? Mit anderen Worten, es stellt sich die Frage, ob dieses Modell eigentlich zum Verständnis des Menschen taugt. Der Begriff der menschlichen Natur ist ja nichts anderes als der Begriff eines speziestypischen Ensembles von mentalen Verhaltens- und Reaktionsdispositionen. Der Begriff der Disposition seinerseits, wenn er nicht zu einer Erklärung per obscurius oder zu Pseudoerklärungen (etwa der Schlafmittelwirkung durch eine vis dormitiva) führen soll, stellt so etwas wie einen Wechsel auf die Zukunft wissenschaftlicher Erkenntnis dar, die die zugrunde liegenden Strukturen aufzudecken hat. Diese erklären das Auftreten bestimmter Phänomene, die vorderhand und faute de mieux nur durch die Annahme entsprechender Dispositionen erklärt werden können. Die generellen Verwendungsbedingungen für Dispositionsbegriffe sind unklar. Jedenfalls aber verlangen sie, daß die Phänomene, zu deren Erklärung sie gebraucht werden, sehr große empirische Regelmäßigkeiten aufweisen. Hume ist der Überzeugung gewesen (die er in der *Untersuchung über den menschlichen Verstand* im Kapitel über Freiheit und Notwendigkeit mit aller wünschenswerten Klarheit ausgesprochen hat), daß in sämtlichen Bereichen des menschlichen Lebens und Verhaltens, genau betrachtet und trotz aller scheinbaren Mannigfaltigkeit, derselbe Grad an Regelmäßigkeit von Zusammenhängen bestehe wie bei den Phänomenen der physischen Natur. Diese Überzeugung liegt seiner Wissenschaft von der menschlichen Natur zugrunde – und gerade sie ist problematisch. Denn einerseits sind die Regelmäßigkeiten, denen die Moralisten und Betrachter des menschlichen Lebens Ausdruck geben, weniger groß, als sie scheinen, und zum anderen haben sie das eigenartig Janusköpfige an sich, daß ihre Feststellung sowohl deskriptiv als auch präskriptiv zu sein scheint und ebenso sehr Gesetze des menschlichen Lebens konstatiert wie gibt. In Wahrheit können wir beim Verhalten dieses geistigen Tieres nie genau unterscheiden, ob es bloß Regelmäßigkeiten erfüllt oder ob es sie schafft, indem es Regeln befolgt. Das macht den Begriff der menschlichen Natur zweifelhaft, ohne den es andererseits Wissenschaften vom Menschen im eigentlichen Sinne, das sind für Hume: Politik, Moral, Ökonomie, Geschichte und Ästhetik, nicht geben kann, – über welchen dunklen Punkt die Unterhaltung an anderer Stelle in weiteren Essays fortzusetzen wäre.

*

Ein Wort zur vorliegenden Übersetzung. Sie sollte, wenn das zusammengeht, getreu und lesbar, sinnbewahrend und frei zugleich sein. Ob das gelungen ist, muß der Leser beurteilen. Nützlich ist mir der Vergleich mit vorhandenen Übersetzungen gewesen. 1. die im vierten Teil von Humes Vermischten Schriften, Hamburg und Leipzig 1756, erschienene Übersetzung der vier Philosophen-Studien; 2. die Übersetzung dieser Texte, die Gudrun Müller ihrer Bochumer Dissertation »David Humes Typologie der Philosophen und der Lebensformen«, Frankfurt-Bern-Cirencester 1980, beigegeben hat; 3. die von Resewitz stammende Übersetzung der Abhandlung über die Grundregel des Geschmacks in: David Hume's Vier Abhandlungen, Quedlinburg und Leipzig 1759, und 4. die Übersetzung desselben Stücks, die Friedhelm Herborth 1974 meiner Sammlung von »Materialien zu Kants Kritik der Urteilskraft« beigesteuert hat.

Als Textgrundlage diente mir die Ausgabe von Humes *Essays*, die Eugene F. Miller veranstaltet hat (Revised edition, Indianapolis, Liberty*Classics*, 1987). Die dort sowie bei G. Müller gemachten Anmerkungen sind mir bei den bewußt sparsam gegebenen Nach- und Hinweisen hilfreich gewesen. Eine meiner Hauptquellen war das Lexikon der Alten Welt, eine andere Kindlers Literaturlexikon.

Von unschätzbarem Wert waren die Hinweise und Ratschläge, die mir Brigitte Flickinger und Rüdiger Bittner gegeben haben. Übersetzen ist nicht nur ein Geschäft, das Zeit braucht, sondern sollte auch eine gesellschaftliche Tätigkeit sein, nicht allein wegen der trivialen Tatsache, daß sechs Augen allemal mehr sehen als zwei, sondern auch aus dem interessanteren Grund, daß einer allein das Instrument menschlicher Kommunikation, die Sprache, eben grundsätzlich nur unvollkommen beherrscht.

Jens Kulenkampff

Inhalt

Über Essayschreiben 7

Der Epikuräer 13

Der Stoiker 23

Der Platoniker 35

Der Skeptiker 41

Über den Maßstab des Geschmacks 73

Anmerkungen 105

Nachwort 117